中学基礎がため100％

できた！
中学社会

歴史 上

KUM○N

[本書の特長]

十分な学習量で確実に力がつく構成!

学力をつけるためには,くり返し学習が大切。本シリーズは地理・歴史をそれぞれ2冊に分け,公民は政治・経済の2冊分の量を1冊にまとめて,十分な量を学習できるようにしました。

> テスト前 5科4択　テスト前に,4択問題で最終チェック!
> ### 4択問題アプリ「中学基礎100」
> くもん出版アプリガイドページへ ▶ 各ストアからダウンロード
> アプリは無料ですが,ネット接続の際の通話料金は別途発生いたします。
> 「中学社会　歴史　上」パスワード **5753289**
> ※「歴史　上」のコンテンツが使えます。

[本書の使い方]　※❶❷は学習を進める順番です。

1 要点チェック

まず,各単元の重要事項をチェック!
問題が解けないときにも見直しましょう。

> それぞれの小単元が書き込みドリルのページと連動

`覚えると得` は重要語句, `ミスに注意` はまちがえやすい点,
`重要 テストに出る!` はポイントになる点です。定期テスト前にもチェックしましょう。

2 スタートドリル

重要な用語や人物を覚え,
年表で歴史の流れをとらえましょう。

3 書き込みドリル

要点チェックでとりあげた小単元ごとに基本→発展の2段階で学習。
難しかったら,対応する要点チェックで確認しましょう。

テストでよくでる問題には `必出` マークがついています。`得点UP コーチ` はヒントです。
問題が解けないときに解説書とあわせて利用してください。`✓チェック` のように
示してあるページと番号で,要点チェックにもどって学習できます。

4 まとめのドリル

単元のおさらいです。ここまでの学習を
まとめて復習しましょう。
❶〜❹までが,1章分で構成されて
います。

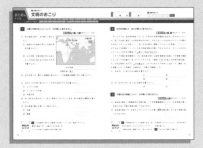

5 定期テスト対策問題

定期テスト前に力だめし。苦手なところは要点チェックや
スタートドリルなども使って,くり返し学習しましょう。

6 総合問題

このドリル1冊分の総まとめです。
学習の成果を確認しましょう。

解答書は,本書のうしろにのりづけされています。引っぱると別冊になります。答え合わせをして,まちがえたところは「考え方」をよく読んで直しましょう。

歴史 上

もくじ

歴史 下 のご案内

- 11 ヨーロッパの近代化
- 12 欧米の進出と日本の開国
- 13 明治維新
- 14 近代日本の歩み
- 15 日清・日露戦争
- 16 近代産業の発達
- 17 第一次世界大戦とアジア・日本
- 18 第二次世界大戦とアジア
- 19 日本の民主化と国際社会への参加
- 20 国際社会と日本

写真提供：アマナイメージズ・シーピーシー・フォト・ROGER_VIOLLET S・十日町市博物館・ColBase・堺市・茅野市尖石縄文考古館・福岡市博物館所蔵画像提供：福岡市博物館 / DNPartcom・唐招提寺・正倉院宝物・東大寺・国立国会図書館・藤田美術館料金・朝日新聞社・東大寺／公益財団法人美術院・神護寺・慈照寺・大阪府立大学総合図書館中百舌鳥・Photo：Kobe City Museum / DNPartcom・長興寺・高台寺・種子島開発総合センター「鉄砲館」・宮内庁三の丸尚蔵館・玄福寺・白山文化博物館・東京国立博物館所蔵、Image:TNMImage Archives・伊能忠敬記念館・福岡市埋蔵文化財センター・春日部市郷土資料館・平等院・明治大学博物館・悠工房

1 文明のおこり

| 紀元前600万 | 500万 | 400万 | 300万 | 200万 | 100万 | 400 | 200 | 1 | 200 | 400 | 600年 |

学習する年代 文明のおこり

1 人類のおこりと古代文明

ドリル P8

① 人類の出現と進化

- **猿人**…約700〜600万年前にアフリカに出現。**直立二足歩行**が知能を発達させる ■》大きな脳を支えられ，前あし(手)が自由に使えるため。**道具**も使用するようになる。

- **原人**…約200万年前。火や言葉を使う。

- **新人(ホモ・サピエンス)**…約20万年前。人類の直接の祖先。
  └→アフリカに出現

② 石器時代

- **旧石器時代**…<u>打製石器</u>を使用，狩りや採集，移動する生活。
  └→石を打ち欠いた
  今から約一万年前まで続く。

- **新石器時代**…<u>磨製石器</u>を使用，農耕や牧畜の開始。**土器**がつくられる。移動生活から定住生活へ。
  └→みがいて形を整えた　　　　　　　　食物を煮る←┘

③ <u>古代文明のおこり</u>
└→エジプト文明，メソポタミア文明，インダス文明，中国文明

- **貧富の差の発生**…食料の計画的な生産と貯蔵 ■》指導者の出現。
  └→農耕や祭りを指揮

- <u>支配する者</u>と<u>支配される者</u> ■》国家…大河流域に古代文明。
  └→王や貴族　　　└→農民や奴隷(どれい)

④ <u>エジプト文明</u>…ナイル川流域。
└→紀元前3000年ごろ

- **巨大な王権**…<u>ピラミッド</u>，スフィンクスの建造。
  └→王の墓といわれる

▲古代文明の発生地

- **実用的な学問**…**象形文字**，**太陽暦**，測量術，天文学。
  └→絵文字

⑤ <u>メソポタミア文明</u>…チグリス川・ユーフラテス川流域。
└→紀元前3000年ごろ しんでん

- **都市国家**…神殿が中心。城壁で囲まれている。
  └→たいいん　　　└→じょうへき

- <u>太陰暦</u>，**くさび形文字**，時間を60進法で測る，1週間七日。

⑥ 中国文明…<u>黄河</u>・<u>長江</u>流域。
└→ホワンホー　└→チャンチアン

- **殷**…黄河流域にすぐれた**青銅器**文化，**甲骨文字**。
  └→いん　　　　　　　　　　紀元前16世紀ごろ　└→せいどうき

- **儒教** ■》**孔子**…礼を説き，君臣・親子兄弟の秩序を重要視。
  └→じゅきょう　紀元前6世紀ごろ，儒学ともいう　　　　　　└→ちつじょ

覚えると得

洞窟壁画
旧石器時代後期に洞窟の壁にかかれた壁画。彩色した牛や鹿などがかかれる。南フランスのラスコーが有名。

古代文明の共通点
①大河の流域に発生
②農耕や牧畜
③文字の発明
④青銅器の使用

オリエント
現在の中東と呼ばれる地域のこと。ここで発達したエジプト文明とメソポタミア文明から，アルファベットの原型やユダヤ教が生まれた。

ミスに注意

★太陽暦と太陰暦…太陽暦は太陽の動き，太陰暦は月の満ち欠けをもとにつくられた暦。

⑦ <u>インダス文明</u>…インダス川流域。インダス文字。
　　└→紀元前2500年ごろ
　●都市遺跡…道路や下水道が整備されたモヘンジョ・ダロなど。
　　　　　　└→しんにゅう
　●アーリヤ人の侵入…厳しい身分制度を持つ国が生まれる。
　　└→中央アジアに住んでいた遊牧民族

2 古代の世界
　　　　└ていこく　　　　　　　　　　　└えいきょう　　　ドリル▶P10
① 中国の古代帝国と周辺への影響
　●<u>秦</u>…始皇帝の中国統一 ■■▶ 長さ・容積・重さの基準，貨幣
　　└しん └しこうてい　　　　　　　　　　　　　　　　　└かへい
　　や文字の統一。北方民族の侵入に備え，万里の長城を築く。
　　　　　　　　　　└→遊牧民族　　　　　　└ばんり └ちょうじょう
　●<u>漢</u>…武帝のとき，中央アジアからベトナム北部，朝鮮半島
　　└かん └ぶてい　　　　　　　　　　　　　　　　　　└ちょうせん
　　北部におよぶ大帝国

　　を建設 ■■▶ 東西交

　　流…<u>シルクロード</u>
　　中国の絹織物を西方に運ぶ→
　　(絹の道)。

▲紀元前2世紀末ごろの世界

　●朝鮮半島…紀元前
　　└ちょうせん
　　後に小国を統一し
　　て北部に高句麗が建国。
　　　　　　└こうくり → 中国の東方支配をおびやかす
② <u>地中海世界</u>
　　└ちちゅうかい
　●<u>ギリシャ文明</u>…都市国家(ポリス)の成立 ■■▶ 成年男子によ
　　　　　　　　　　　　└てつがく └→紀元前8世紀ごろ，アテネ・スパルタなど
　　る民主政(アテネ)。哲学，数学，医学，神殿，彫刻。
　　　　　　　　　　　　　　　　　　　　　　　└ちょうこく
　●<u>ヘレニズム文化</u>…ギリシャを征服したマケドニアが，<u>イン</u>
　　　　　　　　　　　　　　└せいふく
　　<u>ダス川まで勢力をのばした</u>ため，ギリシャとオリエントの
　　└→アレクサンドロス大王の東方遠征
　　文化が融合した。
　　　　└ゆうごう
　●<u>ローマ</u>…紀元前30年に地中海世界を統一 ■■▶ ローマ帝国の
　　└都市国家　　　　　　　　紀元前27年に成立，4世紀末に東西に分裂 └とうぎょう
　　建設。実用的な文化 ■■▶ <u>ローマ法，ローマ字，水道，闘技場</u>。
　　　　　　　　　　　　　　　　　　　　　　　　　　コロッセオ→
3 宗教のおこり
　　　　　　　　　　　　　　　　　　　　　　　　　　ドリル▶P12
① <u>仏教</u>…インドで<u>シャカ</u>(釈迦)が開く。修行をすれば，苦しみ
　　└ぶっきょう　　　　└しゃか
　　└→紀元前5世紀(諸説あり)，寺院で礼拝
　　から救われると説く。東南アジア，中国，朝鮮，日本へ伝わる。
② <u>キリスト教</u>…パレスチナで<u>イエス</u>が説く。人は神の愛を受
　　└→紀元前後，教会や聖堂で礼拝
　　けられると説き，聖書(新約聖書)に教えがまとめられた。キ
　　リスト教はローマの国教となり，ヨーロッパに広がる。
③ <u>イスラム教</u>…アラビア半島で<u>ムハンマド</u>が始める ■■▶ 神
　　└めぐ └→モスクで礼拝，唯一の神アラー(アッラー)を信仰 └→6世紀に生まれる
　　の恵みに感謝し，助け合う必要性を説き，聖典をコーランと
　　して西アジア〜北アフリカ・東南アジアに広まる。

ドリル▶P10
ドリル▶P12

覚えると得

インドの身分制度
大きくバラモン(僧
侶)を最上位に，ク
シャトリア(騎士)，
バイシャ(庶民)，
シュードラ(奴隷)に
分かれる。カースト
制度へとつながった。

東アジアの支配秩序
中国の皇帝が周辺国
から貢ぎ物を受け，
その支配者を王と認
めるという体制がで
きあがった。

楽浪郡
└らくろう
今の平壌付近にあっ
た。倭(日本)には
100余りの国があり，
なかには楽浪郡を通
じて漢に貢ぎ物を届
けた国もあったこと
が「漢書」(前漢の歴
史書)に記されてい
る。

重要 テストに出る!

ユダヤ教から発展
したキリスト教は，
初期にはローマ帝
国から厳しい弾圧
を受け，多くの殉
教者を出したが，
庶民を中心に信者
が増え，ローマ帝
国の国教となった。

1 文明のおこり

文明のおこり

| 紀元前600万 | 500万 | 400万 | 300万 | 200万 | 100万 | 400 | 200 | 1 | 200 | 400 | 600年 |

学習する年代 文明のおこり

---

1 古代の生活や文化について，次の文の{ }の中から正しい語句を選んで書きなさい。

(各7点×4 28点)

(1) 今から200万年ほど前に，石を打ち欠いてつくった{ 打製石器 磨製石器 }が使われるようになった。

(2) 今から20万年ほど前に，現在の人類の直接の祖先と考えられている{ 猿人 原人 新人 }が現れた。

(3) ナイル川流域に発達した古代文明を，{ エジプト文明 メソポタミア文明 }という。

(4) 中国文明から生まれた殷では，すぐれた青銅器文化や{ 甲骨文字 くさび形文字 }が作られた。

---

2 次の文の{ }の中から，正しい語句を選んで書きなさい。 (各6点×7 42点)

(1) 紀元前3世紀，秦が中国を統一し，{ 孔子 始皇帝 }が帝国をつくり上げた。

(2) 秦にかわって中国を統一した{ 殷 漢 }は，紀元前2世紀の武帝のときに，中央アジアやベトナム北部，朝鮮半島に及ぶ大帝国を築いた。

(3) 紀元前2世紀末ごろ，中国とローマを結ぶ道を使って交易が行われていた。この道を{ 万里の長城 シルクロード }という。

(4) 紀元前4世紀に，マケドニアの{ アレクサンドロス ムハンマド }大王は，インダス川まで遠征した。

(5) イタリア半島では，都市国家の{ アテネ ローマ }が栄えて拡大し，やがて地中海を囲む地域を統一し，帝国として支配を広げていった。

(6) (5)の国では，水道や{ コロッセオ スフィンクス }，法律，文字などの文化が生まれた。

(7) 紀元前後にキリスト教を開いたのは，{ イエス シャカ }である。

| 学習日 | | 月 | 日 | 得点 | 点 |

1 文明のおこり

スタート
ドリル｜書き込み
ドリル❶｜書き込み
ドリル❷｜書き込み
ドリル❸｜まとめの
ドリル

3 次の略年表を見て，あとの問いに答えなさい。　　　　（各6点×5　30点）

時代	年・世紀	政治・できごと	経済・社会・文化
	700万年前	人類（①　　　　　）の出現	アフリカに出現
	200万年前	原人の出現	言葉や火を使う
	20万年前	新人の出現	現在の人類の祖先
縄文	（紀元前）3000年	エジプト文明　メソポタミア文明 ② 文明が栄える	▲ピラミッド
	2500年	インダス文明	
	1600年	中国文明	
	8世紀	ギリシャで都市国家ポリスが生まれる	
	4世紀	マケドニアの侵攻	インドで仏教が開かれる　ヘレニズム文化が栄える
	3世紀	秦の③　　　　　が中国を統一	シルクロードが使われる
	27年	ローマ帝国が成立	
弥生	紀元後		イエスの④　　　　　教

(1) 年表中の①～④にあてはまる語句を書きなさい。

(2) 人類の発達について，次の文の（　）にあてはまる語句を書きなさい。

　　後ろあしで立つことによって大きな脳を支え，自由になった前あし（手）で（　）を使

えるようになった。

7

1 文明のおこり

① 人類のおこりと古代文明

基本

1 次の文の{ }の中から，正しい語句を選んで書きなさい。

✓ チェック P4 **1** ①，②(各5点×4 20点)

(1) 直立二足歩行により，脳を支え，{ 前あし 後あし }を自由に使えるようになり，知能が発達する。

（　　　　　　　）

(2) 現在の人類の直接の祖先は，{ 猿人（えんじん） 新人 }である。

（　　　　　　　）

(3) 旧石器時代におもに使われた道具は{ 磨製石器（ませい） 打製石器 土器 }である。

（　　　　　　　）

必出 (4) 農耕や牧畜（ぼくちく）が始まったのは{ 旧石器時代 新石器時代 青銅器時代（せいどうき） }である。

（　　　　　　　）

2 次の文の＿＿にあてはまる語句を，下の＿＿から選んで書きなさい。

✓ チェック P4 **1** ③，④，⑤，⑥，P5 ⑦(各5点×5 25点)

　農耕が始まって (1)（　　　　　　　）が計画的に生産されるようになると，貧富や(2)（　　　　　　　）の差が生まれてきた。やがて国家が生まれ，大河の流域に古代文明が発生した。

　これらの文明では，金属器である (3)（　　　　　　　）が使われたり，記録を残すための (4)（　　　　　　　）が発明された。また，大河の季節的なはんらんを予測するなどのために， (5)（　　　　　　　）といった暦（こよみ）が発達した。

```
食料    書籍（しょせき）   新石器    太陽暦・太陰暦（たいようれき・たいいんれき）
文字    身分    青銅器    工業製品
```

得点UP
コーチ↑

1 (1)(2)人類は「猿人」「原人」「新人」という順番で現れた。(4)時代区分をしっかりおぼえる。

2 文明の成立の条件をしっかりおさえておく。大河の流域に文明が発達した理由に注目する。

① 人類のおこりと古代文明

1 文明のおこり
スタート
ドリル | 書き込み
ドリル❶ | 書き込み
ドリル❷ | 書き込み
ドリル❸ | まとめの
ドリル

学習日　　　月　　　日　得点　　　　　点

発展

3 右の地図を見て，次の問いに答えなさい。

✅ **チェック** P4 **1** ④，⑤，⑥，P5 ⑦（各5点×8　40点）

(1)　A～Dの文明の発祥地に流れる大河の名前を書きなさい。

	A
チグリス川・	B
	C
長江 チャンチアン・	D

(2)　A～Dの文明に関係のある言葉を次の▢▢▢から選んで書きなさい。

| A | | B | |
| C | | D | |

> くさび形_{がた}文字　　太陽暦　　儒教_{じゅきょう}　　インダス文字

4 古代文明について，次の写真に関係の深い文明の名称_{めいしょう}を書きなさい。

✅ **チェック** P4 **1** ④，⑥，P5 ⑦（各5点×3　15点）

| (1) | (2) | (3) |

**得点UP
コーチ**

3 (1)B，Dは，二つの川が関係する。
(2)A以外の三つの文明では，月の満ち欠けからつくられた太陰暦が使われた。

4 (1)の写真はピラミッドとスフィンクス。
(2)の写真は甲骨文字_{こうこつ}。(3)の写真はモヘンジョ・ダロの遺跡_{いせき}。

| 紀元前600万 | 500万 | 400万 | 300万 | 200万 | 100万 | | 400 | 200 | 1 | 200 | 400 | 600年 |

学習する年代 文明のおこり

基本

1 中国の古代帝国について，次の文に関係の深い語句を，下の◯◯から選んで書きなさい。

✅ **チェック** P5 **2** ①(各6点×4　24点)

(1) 紀元前3世紀に，戦国時代の中国を統一した。

(2) 北方の遊牧民族の侵入に備えて築かれた。

(3) 紀元前2世紀ころ，中央アジアからベトナム北部，朝鮮半島北部におよぶ大帝国を建設した。

必出 (4) (3)の国は，中央アジアを経由してヨーロッパと結ばれており，絹織物などがこの道を通ってヨーロッパに運ばれた。

> 漢の武帝　　　　シルクロード　　　　秦の始皇帝　　　　万里の長城

2 次の文の◯◯にあてはまる語句を，下の◯◯から選んで書きなさい。

✅ **チェック** P5 **2** ②(各6点×4　24点)

紀元前8世紀ころ，ギリシャでは (1)　　　　　　と呼ばれる都市国家が生まれ，(2)　　　　　　やアテネといった国が力を持った。アテネでは成年男子による (3)　　　　　　が行われ，哲学などの文化が栄えたが，この繁栄を支えたのは奴隷による生産だった。

イタリア半島の都市国家 (4)　　　　　　は，紀元前1世紀には地中海の周辺を征服して大帝国を築いた。ここでは実用的な文化が生まれ，水道や石だたみの道がつくられたほか，法律なども整備された。

> 独裁政治　　ポリス　　民主政　　ヘレニズム　　スパルタ　　ローマ

**得点UP
コーチ**

1 (1)長さ・容積・重さの基準や，貨幣・文字を統一した。(2)現在残っているものは後世に築かれたもの。

2 (3)女性や奴隷には参政権はなかった。(4)オリエントから北アフリカにおよぶ大帝国を築いた。

発展

3 紀元前2世紀末ごろの右の地図を見て，次の問いに答えなさい。

✓ チェック P5 2 ①，②(各6点×4　24点)

(1) 地図中のAの国名と，Bの王朝名を書きなさい。

A ［　　　　　　　　　　］

B ［　　　　　　　　　　］

必出 (2) 地図中のアの交通路を何というか。

［　　　　　　　　　　］

(3) (2)の名前のもととなった中国からヨーロッパに送られた産物は何か。

［　　　　　　　　　　］

4 古代ギリシャとローマについて，次の問いに答えなさい。

✓ チェック P5 2 ②(各7点×4　28点)

(1) 東方に遠征して大帝国を築いた，マケドニアの大王はだれか。

［　　　　　　　　　　］

必出 (2) (1)の遠征によって生まれた，右の写真に代表されるギリシャとオリエントの文明が融合した新しい文化は何か。

［　　　　　　　　　　］

(3) 紀元前1世紀に地中海世界を統一した都市国家はどこか。

［　　　　　　　　　　］

(4) (3)の国で使われていた法律を何というか。

［　　　　　　　　　　］

・・

得点UP
コーチ↑

3 (2)中央アジアを通るルートのほかに，「オアシスの道」「草原の道」やインド洋からアラビア海を通る「海の道」があった。

4 (2)写真は「ミロのビーナス」である。
(4)当初はローマ市民だけに適用されたが，後期には征服地の全市民にも適用された。

紀元前600万 500万　400万　300万　200万　100万　　400　　200　　1　　200　　400　　600年

学習する年代 文明のおこり

基本

1 次の文の{ }の中から，正しい語句を選んで書きなさい。

✓ チェック P5 **3** (各4点×4　16点)

必出 (1) 紀元前5世紀ごろ，インドで生まれた{ イエス　シャカ　ムハンマド }は仏教（ぶっきょう）を開いた。

必出 (2) 紀元前後にパレスチナ地方に生まれた{ イエス　シャカ　ムハンマド }は，キリスト教を開いた。

(3) 6世紀にメッカで生まれた{ イエス　シャカ　ムハンマド }は，イスラム教を説いた。

(4) イスラム教の教えは，{ コーラン　旧約聖書　新約聖書 }に記されている。

2 次の文の＿＿＿にあてはまる語句を，下の＿＿＿から選んで書きなさい。

✓ チェック P5 **3** (各4点×6　24点)

　紀元前5世紀ごろにインドに生まれたシャカは，(1)＿＿＿＿＿＿（僧侶（そうりょ））を最上位にし，クシャトリア，バイシャ，シュードラに分かれる厳しい身分制度を批判して，(2)＿＿＿＿＿＿を説いた。紀元前後にパレスチナで生まれたイエスは，(3)＿＿＿＿＿＿を発展させて(4)＿＿＿＿＿＿を説いた。6世紀にアラビア半島で生まれたムハンマドは(5)＿＿＿＿＿＿を始め，唯一（ゆいいつ）の神(6)＿＿＿＿を信仰（しんこう）することを説いた。(5)の宗教は聖典をコーランとし，東南アジアから北アフリカまで広がった。

┌─────────────────────────────────────┐
　仏教　　アラー　　バラモン　　ユダヤ教　　イスラム教　　キリスト教
└─────────────────────────────────────┘

得点UP
コーチ↑

1 (2)この人物は救世主（キリスト）と呼ばれた。(4)「読むべきもの」を意味するアラビア語のクルアーンのこと。

2 (3)この宗教は，神と約束した戒律（かいりつ）を重んじた。(6)アラビア語で，唯一の神に「帰依（きえ）」するという意味。

発 展

3 三大宗教のおこりについて，次の問いに答えなさい。

✓ チェック P5 3 (各5点×12　60点)

必出 (1)　次の人物がおこした宗教の名前を書きなさい。

① イエス ……………………………………………………

② シャカ ……………………………………………………

③ ムハンマド ………………………………………………

(2)　次の地域でおこった宗教の名前を書きなさい。

① インド ……………………………………………………

② パレスチナ ………………………………………………

③ メッカ ……………………………………………………

(3)　次のことと関係の深い宗教の名前を書きなさい。

① 4世紀末にローマの国教となり，ヨーロッパじゅうに広まる。

② 教えはコーランにまとめられ，西アジアから，東南アジアや北アフリカに広まる。

③ 中国や朝鮮，6世紀には日本にも伝わる。

(4)　次の礼拝の場所や方法と関係の深い宗教の名前を書きなさい。

① 聖地に向かって1日5回礼拝する。金曜日はモスクに集まる。

② 寺院で礼拝を行う。

③ 教会や聖堂で礼拝を行う。

- -

得点UP
コーチ

3 (1)①この人物は，ギリシャ語でキリストと呼ばれている。(2)②現在，イスラエルと対立している地域である。③現在のサウジアラビアにある。(3)②東南アジアではインドネシアとマレーシアに信者が多い。

文明のおこり

1　人類と文明のおこりについて，次の問いに答えなさい。

✓ チェック P4 ■1，P5 ■3（各5点×10　50点）

(1)　右の地図を見て，次の問いに答えなさい。

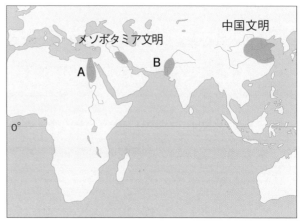

① 　地図のＡの地域で栄えた文明の名前を書きなさい。

② 　Ａの文明・中国文明が栄える元となった付近を流れる川の名をそれぞれ書きなさい。

Ａの文明

中国文明　長江，
（ちょうこう）
（チャンチアン）

(2)　古代文明では，優（すぐ）れた金属器が使われた。この金属器は鉄器と何かを書きなさい。

(3)　次の三つの文明で使われていた文字の名前をそれぞれ書きなさい。

①　エジプト文明

②　メソポタミア文明

③　中国文明

(4)　Ｂに流れる大河のほとりにあり，現在のパキスタンにある，Ｂの代表的な遺跡（いせき）名を書きなさい。

(5)　次の宗教や教えを開いた人物はだれか。

①　仏教（ぶっきょう）

②　儒教（じゅきょう）

- -

得点UP
コーチ↑

■1　(1)①定期的な洪水（こうずい）は，測量術や天文学・暦学（れきがく）を発達させた。(2)銅とすずの合金。(3)インダス文明でも独特の文字が印章（いんしょう）に残っ

ているが，解読されていない。

学習日	月	日	得点	点

1 文明のおこり

スタート
ドリル / 書き込み
ドリル❶ / 書き込み
ドリル❷ / 書き込み
ドリル❸ / **まとめの
ドリル**

2 次の文を読んで，あとの問いに答えなさい。

✓**チェック** P5 **2**，**3**（各5点×6　30点）

　ギリシャでは，紀元前8世紀ごろ〔　①　〕と呼ばれる都市国家が生まれ，その中心となった〔　②　〕では成人男子による民主政が行われた。やがてギリシャ北方のマケドニアが勢力をのばしてギリシャを統一し，〔　③　〕大王は東方に遠征してペルシャを征服し，インドにまでおよぶ大帝国をつくった。大王の死後帝国は分裂しておとろえたが，ギリシャの文化とオリエントの文化が融合した㋐新しい文化が生まれた。

　イタリア半島の都市国家ローマは，紀元前30年には地中海周辺を征服して大帝国を建設した。ローマの支配下にあったパレスチナでは，1世紀に〔　④　〕があらわれ神の愛を説いた。かれは処刑されたが，㋑その教えはしいたげられた人々を中心に広がった。最初これを迫害したローマ帝国は，4世紀末にこの教えを国教とした。

(1)　文中の〔　〕にあてはまる語句を書きなさい。

①		②	
③		④	

(2)　㋐・㋑それぞれにあてはまる語句を書きなさい。

㋐		㋑	

3 中国の古代帝国について，次の問いに答えなさい。

✓**チェック** P5 **2**（各10点×2　20点）

(1)　紀元前3世紀ごろ戦国時代の中国を統一して中央集権国家をつくり，北方民族の侵入を防ぐために万里の長城を築いたのはだれか。

(2)　紀元前2世紀ごろ，中央アジアからベトナム北部，朝鮮半島北部にわたる大帝国を築いたのはだれか。

**得点UP
コーチ**

2 (1)②現在のギリシャの首都である。③大王の名前をつけたアレキサンドリアという都市が各地に建設された。④人々はかれを救世主（キリスト）とした。(2)㋑神の前の平等を説いた。

3 (1)はじめて皇帝と名乗った。

1 日本の原始時代 ドリル▶P20

① 氷河時代の日本

- **大陸と陸続き**…ナウマン象・
  └→ユーラシア大陸，海面が今より100m以上低い
  オオツノジカなどが移り住む。
  ■》 獲物を追って，人類が移動。

- **人々の生活**…狩りや採集，打
  製石器の使用，他地域と交易。
  └→黒曜石など

② 縄文時代…一万年以上続いた。

- **日本列島の形成** ■》氷河時代が終わり，海面が上昇。
  └→約1万年前
- **人々の生活**…狩りや採集。磨製石器の使用。**たて穴住居**。

③ 縄文文化

- **縄文土器**…縄目の文様がついた土器。
  └→黒褐色で，厚くてもろい
- **貝塚**…食べ物の残りかすなどを捨
  てる場所。

- **植物の栽培**…縄文時代から始まる
  があまり発達しなかった。■》食
  べ物が豊富だったため。

■ 2万年前には陸地であったところ

0　500km

▲2万年前の日本列島

▲縄文土器

2 弥生時代 ドリル▶P22

① 稲作の伝来

- **伝播の経路**…大陸から九州北部へ。
  次第に東日本へ伝播。

- **稲作中心の生活**…平地に定住生活
  └→むら
  ■》貧富・身分の差が発生 ■》
  指導者の出現。

② 弥生文化

- **弥生土器**…赤褐色で薄くてかたい。
  └→東京都文京区弥生で最初に発見
- **金属器**…鉄器 ■》武器・農具・工具として使用。
  青銅器 ■》おもに祭りのための宝物として使用。

▲弥生土器

- **石器**…石包丁 ■➡ 稲穂をつむ。
- **高床倉庫**…稲を保存するための倉庫。

▲石包丁

③ 国の出現

- **小さな国の形成**…むらの指導者の地位向上（支配者）■➡

周辺のむらとの争い ■➡ 周辺のむらをまとめ，国を形成。

- **倭の奴国の王**…後漢に使いを送り，**金印**を授けられる。
  └→九州の北部にあったと考えられている。1世紀ごろ

④ 邪馬台国…30余りの小さな国を従えていた。

- **女王卑弥呼**…うらないやまじないにより政治を行う。
- **魏志倭人伝**…邪馬台国など3世紀の日本の様子を記述。
  └→中国の三国時代を記した「三国志」という歴史書の一部

3 古墳時代と国土の統一

ドリル P24

① 古墳文化

- **古墳**…王や豪族の巨大な墓 ■➡ **前方後**
  円墳・円墳・方墳など。
  └→大仙(山)古墳(仁徳陵古墳)が最大
- **副葬品**…初期は鏡・玉・剣など。後期は
  └→祭りや儀式の道具
  鉄製武器・武具・かんむりなど。
- **埴輪**…古墳の上などに置かれた土製品。

▲埴輪

② 大和政権

- **大和政権**…近畿地方の有力な豪族が王を支える。
  └→4～5世紀に国土統一を進める
- **大王**…大和国家の王。
- **豪族の役割**…中央豪族
  └→豪族は先祖代々，それぞれ氏という
  は軍事・神事など，地
  集団で王に仕えるしくみができた
  方豪族は地方の支配。

③ 中国・朝鮮との交流
└→中国は南北朝時代

- **朝鮮南部への進出**…伽
  耶地域(任那)の小国や
  百済と結んで新羅・高
  句麗と対抗。好太王(広開土王)の碑。
  └→楽浪郡をほろぼす   └→高句麗の王の功績をたたえる。倭との戦いが記される

好太王(広開土王)の碑
高句麗
北魏(北朝)
新羅
百済
伽耶(任那)
宋(南朝)
倭
0   1000km

▲5世紀ころの東アジア

- **中国への使い**…倭王として朝鮮南部の指揮権を認めてもら
  └→南朝の宋
  おうとする。
- **渡来人**…大陸から日本に移り住んだ人々 ■➡ 大陸の優れ
  └→一族で日本の各地に定住した
  た文化や技術を日本に伝える。
  └→鍛冶，機織り，須恵器，かんがい，漢字，儒学
- **仏教の伝来**…百済王から大和政権へ，教典や仏像が伝わる。
  └→6世紀

スタートドリル
古代日本の成り立ち

1 次の文の{ }の中から，正しい語句を選んで書きなさい。

(各5点×6 30点)

(1) 今から約1万年前まで続いた{ 氷河時代 弥生時代 }には，海面が今より100m以上も低かった。

(2) (1)の時代には，大きなつのを持った{ オオツノジカ ナウマン象 }が日本にも住んでいた。

(3) 縄文時代に人々は，地面をほりくぼめて柱を立て，その上に屋根をかけた{ 高床倉庫 たて穴住居 }に住んでいた。

(4) 紀元前4世紀ごろ，大陸から移り住んだ人々によって，稲作が{ 関東 九州 }北部に伝えられた。

(5) 紀元前4世紀ごろ伝えられた金属器のうち，おもに祭りのための宝物として用いられるようになったのは{ 青銅器 鉄器 }である。

(6) 弥生時代の代表的な遺跡としては，佐賀県の{ 三内丸山遺跡 吉野ヶ里遺跡 }が有名である。

2 古墳時代について，次の文の{ }の中から，正しい語句を選んで書きなさい。

(各5点×4 20点)

(1) 日本で最も大きな古墳は，大阪府堺市にある{ 大仙古墳 江田船山古墳 }であり，全長が486mある。

(2) 古墳の上に置かれた焼き物を{ 土偶 埴輪 金印 }という。

(3) 4世紀ごろ，大和政権は{ 百済 新羅 }や伽耶地域（任那）の国々と結んで，高句麗などと戦ったことが，高句麗の王の碑に記されている。

(4) 朝鮮半島から一族でまとまって移り住んだ渡来人は，6世紀半ばにその後の日本に大きな影響をあたえた{ キリスト教 仏教 }を伝えた。

3 次の略年表を見て，あとの問いに答えなさい。

(各5点×10　50点)

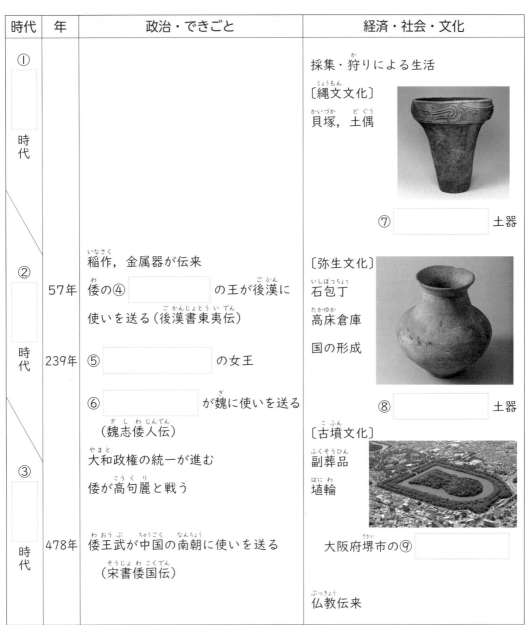

時代	年	政治・できごと	経済・社会・文化
① □ 時代			採集・狩りによる生活 〔縄文文化〕 貝塚，土偶 ⑦ □ 土器
② □ 時代	57年 239年	稲作，金属器が伝来 倭の④ □ の王が後漢に使いを送る（後漢書東夷伝） ⑤ □ の女王 ⑥ □ が魏に使いを送る（魏志倭人伝）	〔弥生文化〕 石包丁 高床倉庫 国の形成 ⑧ □ 土器
③ □ 時代	478年	大和政権の統一が進む 倭が高句麗と戦う 倭王武が中国の南朝に使いを送る（宋書倭国伝）	〔古墳文化〕 副葬品 埴輪 大阪府堺市の⑨ 仏教伝来

(1) 年表中の①～⑨にあてはまる語句を書きなさい。

(2) 大和政権の王は，九州地方から東北地方南部に至る各地の豪族を従え，何と呼ばれるようになったか。　□

19

① 日本の原始時代

紀元前600万	500万	400万	300万	200万	100万		400	200	1	200	400	600年

学習する年代 日本の成り立ち

基本

1 次の文の □ にあてはまる語句を，下の □ から選んで書きなさい。

✓チェック P16 1 ①(各6点×5 30点)

今から1万年ほど前まで，地球は (1)｜　　　　　　　　　｜という寒い気候の時代が続いた。海面が100m以上も低くなったため，日本列島は (2)｜　　　　　　　　　｜と陸続きの状態となった。この時代，オオツノジカや (3)｜　　　　　　　｜などの動物が日本列島に移りすみ，これらを追って，人類も日本列島に移り住んだ。かれらは石を打ち欠いてつくった (4)｜　　　　　　　｜などの簡単な道具を使用していた。(4)が初めて日本で発見された場所は (5)｜　　　　　　｜である。

アフリカ象	ナウマン象	磨製石器(ませい)	氷河時代(ひょうが)	三内丸山遺跡(さんないまるやまいせき)
アメリカ大陸	ユーラシア大陸	打製石器	歴史時代	岩宿遺跡(いわじゅく)

2 縄文時代について述べた次の文の{ }の中から，正しい語句を選んで書きなさい。

✓チェック P16 1 ②，③(各7点×4 28点)

必出 (1) 縄目の文様(なわめ もんよう)の{ 弥生土器(やよい)　須恵器(すえき)　縄文土器 }がつくられた。

(2) 人々は{ 狩りや採集(か)　稲作(いなさく)　遊牧 }中心の生活をしていた。

(3) 海岸や水辺には，食べ物の残りかすなどを捨てた{ 貝塚(かいづか)　古墳(こふん)　神殿 }ができていることがある。

(4) { 埴輪(はにわ)　土偶(どぐう)　仏像 }は魔よけや豊かな実りを祈(いの)るのに使われたと考えられている。

得点UP
コーチ↑

1 (2)こおったために海水の量が少なくなった。(3)日本の各地から骨の化石が発見されている。

2 (1)文様から名前がつけられた。(2)遊牧とは，家畜(かちく)のえさである牧草を求めて移動する生活。

20

発展

3 日本の旧石器時代について，次の問いに答えなさい。

✓ **チェック** P16 **1** ①，②（各7点×3　21点）

必出 (1) 右の写真のような石器が発見され，日本にも旧石器時代があったことを証明した群馬県にある遺跡名を答えなさい。

(2) 日本列島がほぼ現在の形のようになったのは，今から約何年前か書きなさい。

(3) 日本の旧石器時代に行われていたことを，次のア～エから選び記号で答えなさい。

ア　稲作　　　イ　黒曜石（こくようせき）の交易　　　ウ　朝貢（ちょうこう）　　　エ　仏教（ぶっきょう）の布教

4 縄文時代について，次の問いに答えなさい。

✓ **チェック** P16 **1** ②，③（各7点×3　21点）

(1) 縄文時代につくられた，右の写真の住居を何というか。

▲縄文時代の住居

必出 (2) 貝がらや動物の骨など，おもに食べ残しを捨てる場所を何というか。

(3) 植物の栽培（さいばい）は始まったが，農耕が発達しなかった理由を解答らんにあうように書きなさい。

魚貝類や動物，木の実などの

**得点UP
コーチ**

3 (1)相沢忠洋（あいざわただひろ）氏によって1949年に発見され，日本にも旧石器時代があったことが証明された。

4 (3)新石器時代は，世界史では土器や磨製石器が使われ，農耕・牧畜（ぼくちく）が始まった時代だが，日本は狩猟（しゅりょう）・採集が中心であった。

2 古代日本の成り立ち
② 弥生時代

基本

1 弥生時代について，次の文に関係の深い語句を，下の□□から選んで書きなさい。

✅ チェック P16 **2** ①，②(各6点×5　30点)

必出 (1) 大陸から伝わり，人々の生活を変えた作物の栽培。

(2) (1)や金属器が最初に大陸から伝わった場所。

(3) 大陸から伝わった金属器で，銅鐸などおもに祭りのための宝物として使われた。

(4) 稲穂をつむために使われた石器。

(5) 収穫物を保存するためにつくられた倉庫。

| 関東　　九州北部　　青銅器　　鉄器　　高床倉庫　　石包丁　　稲作 |

2 次の文の□□にあてはまる語句を，下の□□から選んで書きなさい。

✅ チェック P16 **2** ①，P17 ③，④(各6点×5　30点)

　食料がたくわえられるようになると，人々の間に (1)＿＿＿＿＿＿ が生まれ，それはやがて (2)＿＿＿＿＿＿ となり，むらの支配者があらわれた。勢力の強いむらは近隣を従えて小さな (3)＿＿＿＿＿＿ が生まれた。九州北部にあった(3)の中には，(4)＿＿＿＿＿＿ から自分の支配を認めてもらおうとする者もあらわれた。3世紀の中国の歴史書には，小さな(3)を30余り従えた (5)＿＿＿＿＿＿ があったことが記されている。

| 国　　　朝鮮の国王　　　奴国　　　身分の差 |
| 県　　　中国の皇帝　　　貧富の差　　邪馬台国 |

得点UP
コーチ

1 (2)大陸に一番近いのは日本のどこか考える。(3)鉄器は武器や工具，農具として使われた。

2 (1)(2)この順番をまちがえないようにする。(4)東アジアの中心には，どこの国があったか考える。

発展

3 弥生時代について，次の問いに答えなさい。　✔チェック P16 **2**②(各5点×4　20点)

(1) 右の写真Aの土器を何というか。

(2) 写真Aの名の由来について，正しく述べた文をア～ウから一つ選び，記号で答えなさい。

ア　土器の表面に縄目の文様があることから名づけられた。

イ　最初に発見された土地の地名から名づけられた。

ウ　最初に発見した人の名前から名づけられた。

(3) 写真Bの青銅器を何というか。

(4) 写真Bはどんなことに用いられたと考えられているか。

4 小国が分立していたころの様子について，次の問いに答えなさい。

✔チェック P17 **2**③，④(各5点×4　20点)

(1) 1世紀の半ば，中国の皇帝から金印を授かったのは，何という国の王か。

(2) そのとき中国は，何という王朝だったか。

(3) 3世紀に，日本の30余りの国を従えていたと中国の歴史書に記された邪馬台国の女王はだれか。

(4) 邪馬台国など，当時の日本の様子を記した(3)の歴史書はふつう何と呼ばれるか。

- -

**得点UP
コーチ**

3 (1)赤褐色で，縄文土器よりも飾りが少なく，薄手でかたい土器である。

4 (1)(2)金印には「漢委奴国王」と記されていて，江戸時代に博多湾にある志賀島で発見された。(3)うらないやまじないで政治をしたと記されている。

紀元前600万	500万	400万	300万	200万	100万	400	200	1	200	400	600年

学習する年代 日本の成り立ち

基本

1 古墳文化について述べた次の文の{ }の中から，正しい語句を選んで書きなさい。

✓チェック P17 ③ ①(各5点×4　20点)

必出 (1) 各地につくられた古墳は{ 農民　神官　王 }や豪族の墓と考えられている。

(2) 大仙(山)古墳(仁徳陵古墳)は{ 前方後円墳　円墳　方墳 }と呼ばれる古墳の形式である。

(3) 古墳の上や周りには，{ 貝塚　土偶　埴輪 }が置かれていた。

(4) 初期のころの古墳の副葬品には{ 玉や鏡　鉄製武器　武具 }などが多く，ほうむられた人の立場を物語っている。

2 大和政権について，次の文の□□にあてはまる語句を，下の□□から選んで書きなさい。

✓チェック P17 ③ ②(各5点×4　20点)

大和地方(今の (1) _____)の豪族たちが形成した大和政権は，勢力を広げて (2) _____ 世紀ころには東北地方南部から九州地方を支配下においた。大和政権の中心となった王は (3) _____ と呼ばれた。当時，豪族を中心に先祖を同じくする人々は (4) _____ という集団をつくっていた。豪族は代々引きつがれた仕事をすることで，(3)に仕える仕組みをつくった。

5	氏	大王(だいおう)	奈良県
8	貴族	将軍	京都府

得点UP
コーチ

1 (2)大阪府堺市にあり，日本最大の面積の古墳である。(4)王は祭りをつかさどる人だったことを物語っている。

2 (2)北海道と沖縄を除く全国が大和政権の支配下に入るのは平安時代になってからである。

発展

3 5世紀ころの日本と東アジアの様子について，次の問いに答えなさい。

✅ チェック P17 **3** ③ (各6点×10　60点)

(1) 当時，日本のことを何と呼んだか。

必出 (2) 朝鮮半島の国で，日本と結んだのは伽耶地域と
どこか。

(3) 朝鮮半島の国で，日本と対抗した国を二つ書き
なさい。

(4) 日本が使いを送った中国の王朝は，北魏(北朝)と宋(南朝)のどちらか。

(5) (4)の使いの目的をア～ウから一つ選び，記号で答えなさい。

　ア　中国の稲作の文化を日本に伝えようとした。

　イ　中国の皇帝に朝鮮南部の指揮権を認めてもらおうとした。

　ウ　銅鏡や貨幣など，めずらしいものを日本に輸入しようとした。

必出 (6) この時代，大陸や朝鮮との交流が進み，一族で日本にわたってきた人々を何というか。

(7) (6)の人々が日本に伝えた文化でないものを，ア～オから二つ選び，記号で答えなさい。

　ア　機織り　　イ　土偶　　ウ　儒教　　エ　キリスト教　　オ　須恵器

必出 (8) 6世紀半ばに伝えられ，日本の文化に大きな影響をあたえた宗教は何か。

・・

得点UP
コーチ

3 (2)この国が(8)の宗教を伝えた。(3)このころ日本が朝鮮半島にわたって戦ったことが，当時の国の王の功績を記した石碑(好太王の碑)に残されている。(6)日本の各地に一族で住みつき，大きな勢力となった。

古代日本の成り立ち

1　古代日本の文化について，次の問いに答えなさい。

✓ チェック P16 **1**，**2**，P17 **3**（各5点×12　60点）

(1)　次の文はそれぞれの時代の様子を書いたものである。縄文文化はＡ，弥生文化はＢ，古墳文化はＣとして，あてはまる文化の記号を書きなさい。

①　人々は獲物を追う移動生活から，低地に水田をつくって a 定住するようになった。

②　集落の周辺には，人々が食料とした b 貝や動物の骨が積もった場所が発見され，人々が使った道具や，人骨も発見されている。

③　人々は王や豪族のために c 巨大な墓をつくった。これをつくる技術は， d 大陸から移り住んだ人々によってもたらされたものが多い。

(2)　下線部 a の様子が見られる佐賀県の遺跡の名前を書きなさい。

(3)　下線部 b の名称を書きなさい。

(4)　下線部 c の名称を書きなさい。

(5)　(4)の中で，国内最大のものの名称を書きなさい。

(6)　下線部 d の名称を書きなさい。

(7)　(6)が6世紀に日本にもたらした宗教を書きなさい。

(8)　写真はＡ・Ｂ・Ｃの時代の遺物である。それぞれの名称を書きなさい。

Ａ

Ｂ

Ｃ

....

**得点UP
コーチ**

1　(3)生命を失ったものをほうむった場所とも考えられている。(8)Ａは土製の人形で，魔よけや豊かな実りを祈るために作られたといわれる。Ｃも土製品で，古墳の上や周りに並べられた。

2 古代日本と大陸との関係について，次の文を読んで問いに答えなさい。

✅ **チェック** P16 **1**, **2**, P17 **3** (各5点×8　40点)

> A　朝鮮半島の①ある国から仏教が公式に伝えられた。
>
> B　朝鮮半島の②ある国の国王をたたえる碑に，倭と戦ったことが記された。
>
> C　ナウマン象やオオツノジカを追って，人々が日本列島に移り住んだ。
>
> D　③女王卑弥呼が④中国に使いを送った。
>
> E　奴国の王が⑤中国の皇帝から金印を授けられた。
>
> F　大陸から⑥稲作とともに金属器が伝えられた。

(1)　下線部①のある国を，次のア〜エから選び，記号を書きなさい。

　　ア　新羅　　　イ　伽耶　　　ウ　高句麗　　　エ　百済

(2)　下線部②のある国を(1)のア〜エから選び，記号を書きなさい。

(3)　Cの時代におもに使われていた石を打ち欠いた道具は何か。ア〜エから選び，記号を

　　書きなさい。

　　ア　縄文土器　　　イ　打製石器　　　ウ　磨製石器　　　エ　青銅器

(4)　下線部③の女王が治めていた国名を書きなさい。

(5)　下線部④の中国の王朝を，ア〜オから選び，記号を書きなさい。

　　ア　後漢　　　イ　前漢　　　ウ　宋　　　エ　魏　　　オ　秦

(6)　下線部⑤の皇帝は中国のどの王朝の皇帝か。(5)のア〜オから選び，記号を書きなさい。

(7)　下線部⑥は最初日本のどこに伝わったか。

(8)　A〜Fの文を年代の古い順に並べかえなさい。

　　　　　　　→　　　　　→　　　　　→　　　　　→　　　　　→

得点UP コーチ　**2** (1)(2)当時の朝鮮半島には，有力な国が三つ，南部に小国が分立をしていた地域があった。(5)女王卑弥呼のころ，中国は三国時代で，魏・呉・蜀の三国が争っていた。(7)大陸と最も近いのはどこか考える。

学習日	月	日	得点	点

文明のおこり／古代日本の成り立ち

1 古代文明について，位置を地図のA〜Dから，またそれぞれの文明に関係ある文を
ア〜エから選び，記号を書きなさい。 ✓チェック P4 **1** (各6点×4 24点)

(1) エジプト文明

[・]

(2) メソポタミア文明

[・]

(3) インダス文明

[・]

(4) 中国文明

[・]

ア 亀の甲や牛の骨に刻まれた甲骨文字が発見された。

イ モヘンジョ・ダロの遺跡からは，水道などの都市施設が見つかっている。

ウ 王は神とあがめられ，ピラミッドやスフィンクスがつくられた。

エ くさび形文字が刻まれた粘土板が発見された。

2 次の各文の下線部には，誤りが一つある。誤っている語句を正しい語句に書き直し
なさい。 ✓チェック P5 **2** (各6点×4 24点)

(1) 古代ギリシャの都市国家をポリスといい，有力な都市国家であったスパルタでは，成
年男子による民主政が行われた。

[→]

(2) マケドニア王アレクサンドロスは東方遠征を行い，中国にまでおよぶ大帝国を建設し
た。この遠征で東西文化が融合したヘレニズム文化が生まれた。

[→]

(3) 古代ローマ人は，メソポタミアとインドを合わせた地域をオリエントと呼んだ。

[→]

(4) 中国の漢と西方のローマを結ぶ交通路は綿の道と呼ばれ，東西の文物が交易を通して
運ばれた。

[→]

3 右の地図はある時期の東アジアをあらわしたものである。これを見て，次の問いに
答えなさい。　　　　　　　　　　　　　　　✓ **チェック** P16 **2** (各8点×3　24点)

(1) 右の地図の時期のできごとをア～エから一つ選び，記
号で書きなさい。

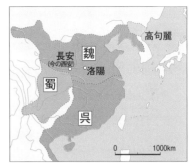

　ア　奴国が中国に使いを送って，中国の皇帝から金印を
　　　授けられた。

　イ　卑弥呼が中国の皇帝に貢ぎ物をおくって「親魏倭王」
　　　の称号を授けられた。

　ウ　武が中国の皇帝に使いを送り，倭と朝鮮南部の指揮権を認めてもらおうとした。

　エ　中国の都長安にならって，平城京が建設された。

(2) 右の写真は，(1)のア～エのどの文と関係が深いか。記
号を書きなさい。

(3) ある時期とは何世紀のことか。次のア～エから一つ選
び，記号を書きなさい。

　ア　紀元前1世紀　　　イ　1世紀

　ウ　3世紀　　　　　　エ　5世紀

4 次の文の □ にあてはまる語句を書きなさい。

✓ **チェック** P17 **3** (各7点×4　28点)

　周辺のむらを従え勢力を広げた豪族は，巨大な古墳をつくって力を示した。古墳の上や
周りには (1) □ と呼ばれる素焼きの土器が置かれた。古墳のなかでも
(2) □ と呼ばれる形式のものが各地につくられた。大阪平野の大仙(仁
徳陵)古墳は，日本最大の面積をほこり，近年このあたり一帯の古墳群が百舌鳥・古市古墳
群として世界遺産(文化遺産)に登録された。

　やがて大和地方の豪族たちは，(3) □ と呼ばれる首長をいただいて日
本各地に勢力を広げ，5世紀半ばには東北南部から九州までの日本をほぼ支配下に置いた
と考えられている。この政権を (4) □ と呼んでいる。

3 古代国家のあゆみ

1 大化の改新への道のり

ドリル P34

① 中国の統一

- ●**隋の統一**…南北に分裂していた中国を統一。**律令の整備**,
  →6世紀末
  戸籍の登録。高句麗遠征 ▶▶ 農民の反乱 ▶▶ **隋の滅亡**。

- ●**唐の統一**…中央集権国家 ▶▶ **律令に基づく支配**。**均田制**。
  →7世紀前半　　　　　　　　　　　　　　　農民に土地をあたえる←┘
  租・調・庸の税制。兵役。

- ●**唐の文化**…都**長安**を中心に国際色豊かな文化が栄える。

- ●**新羅の朝鮮統一**…唐と結んで**百済・高句麗**をほろぼす。
  →676年

② <u>聖徳太子</u>の政治…**推古天皇**の摂政として政治を行う。
  厩戸皇子　　　　　女性の天皇

- ●**蘇我馬子の協力**…仏教の受容。反対派の物部氏をほろぼす。

- ●<u>**冠位十二階**</u>…家柄に関係なく能力で豪族を役人に登用。
  →603年, かんむりの色で位をあらわす

- ●**十七条の憲法**…仏教を敬い, 天皇中心の政治をめざす。
  →604年, 役人の心構えを示したもの

- ●**遣隋使**…**小野妹子**を隋に派遣(607年) ▶▶ 文化の受容。

- ●**飛鳥文化**…仏教中心 ▶▶ **法隆寺**の釈迦三尊像, 玉虫厨子。
  →奈良県飛鳥地方が中心　　　　→聖徳太子の建立

③ 大化の改新

- ●**蘇我氏の滅亡**(645年) …
  中大兄皇子・中臣鎌足らが
  →のちの天智天皇　　→のちの藤原鎌足
  蘇我蝦夷・入鹿を倒す。

▲蘇我氏と天皇家の結びつき

- ●**改新の政治**…**公地・公民**, 戸籍の作成 ▶▶ 中央集権国家。

- ●**白村江の戦い**…唐・新羅の連合軍に敗れる ▶▶ 朝鮮半島へ
  →663年　　　　　　　　　　　　　→都を大津に移し, 山城や水城をつ
  の影響力を失う。　　　　　　　　　くるなど, 西日本の防備を固めた

- ●**壬申の乱**…皇位をめぐる争い ▶▶ **天武天皇**の勝利。
  →672年　　　　　　　　　　　　　　→天智天皇の弟

2 律令国家の成立

ドリル P36

① <u>大宝律令</u>の制定…唐の律令にならい, 国家の仕組みを定める。
  →701年

- ●**2官8省**…中央の政治を行う役所。
  →太政官・神祇官と中務・式部・治部・民部・兵部・刑部・大蔵・宮内の8省

- ●**地方の仕組み**…中央の貴族が**国司**。地方の豪族を郡司。
  →九州に太宰府を置く　　　　　　　　　　　　　　　　ぐんじ

- ●**五畿七道**…畿内と東海道・東山道など七道に分ける。
  →畿内の五つの国

覚えると得

律令
律は刑罰を定めたもの。令は政治の進め方を定めたもの。

均田制
戸籍に基づいて人々に一定の土地(口分田)をあたえ, 税負担の義務を負わせた。

新羅の朝鮮統一
唐と結んで百済・高句麗をほろぼした新羅は, やがて唐の勢力を朝鮮から追い出し半島を統一した。

摂政
天皇が幼かったり女性だったりしたとき, 天皇に代わって政治を行う役職。

富本銭
日本で最初につくられたといわれる銅銭。

重要 テストに出る!

公地・公民は, それまで豪族が私有していた土地・人民を国家のものとする方針を示した。

② <u>平城京</u>…唐の都長安をまねてつくられた都。
→710年。京都の平安京に都を移すまでの80年余りを奈良時代と呼ぶ

● **平城京(都)の様子**…ごばんの目のような区画。寺院や皇族・
貴族の<u>邸宅</u>。<u>東西の市</u>。<u>庶民</u>の住居。
→地方の物産が集まった

● **和同開珎**…唐にならって発行された貨幣。都の市で流通。

● **駅・駅馬**…都と地方の役人の往来に便利なように街道に設置。

③ **班田収授法と租・調・庸の税制**

● <u>班田収授法</u>…戸籍をもとに6歳以上の男女に**口分田**をあた
→6年ごとに作成
え,死ぬと国家に返させる。

● <u>農民の負担</u>…租・調・庸の税と**労役・兵役**。
→租は男女,それ以外は男子の負担で,調・庸は農民自らが都に運ばなければならなかった

税	租	1段につき稲2束2把(収穫高の約3％)
	調	絹・糸・綿・布,その他の郷土の特産物のうち1種
	庸	1年に10日間の労役のかわりに布2丈6尺(約8m)
労役	雑徭	1年に60日以内の労役(地方の労働)
	兵役	武器や食料を自分で用意して訓練を受け,一部の人は1年間の都の警備(衛士)か,3年間の九州北部の警備(防人)などについた

④ **開墾の奨励**

● **口分田の不足**…農民の逃亡,人口の増加。

● <u>墾田永年私財法</u>…開墾した土地の永久私有を認める ▶▶ 有
→743年　　　　　　　　　　　　　　　→公地・公民がくずれる
力な貴族や寺院に開墾された土地は,のちに<u>荘園</u>と呼ばれる。
→しょうえん

3　国際的な文化の開花　　ドリル P38

① <u>遣唐使</u>…遣隋使に代わって中国に派遣された使節。
→630年,当時の航海は命がけだった

● <u>留学生・留学僧</u>…唐の制度や文化を学び,日本に伝えた。
→阿倍仲麻呂は船の難破で帰国できず,唐で一生を終えた

● <u>鑑真</u>…遣唐使船で苦難の末渡来し,日本の仏教の発展につ
→唐の高僧。唐招提寺(とうしょうだいじ)を開く
くす。

② <u>天平文化</u>…仏教の影響を受けた国際色豊かな文化。

● <u>聖武天皇</u>…鎮護国家(仏教の力で国を守る) ▶▶ 都に**東大
寺**。諸国に**国分寺・国分尼寺**を建立。東大寺**大仏**の建造。
→僧の行基の協力
● <u>正倉院</u>…聖武天皇の遺品などが納められている建物。
→東大寺にある
● <u>「古事記」</u><u>「日本書紀」</u>…神話や伝承・記録をまとめた歴史書。

● <u>「風土記」</u>…国ごとに自然・産物・伝承などを収録。

● <u>「万葉集」</u>…奈良時代末にまとめられた歌集。歴代天皇,柿
→万葉がなで書かれた
本人麻呂,大伴家持などの貴族から防人・農民の歌まで収録。
もとのひとまろ　　おおとものやかもち

古代国家のあゆみ

	1	200	400	600	800	1000	1200	1400	1600	1800	2000年

学習する年代 飛鳥・奈良時代

1 次の文の{ }の中から，正しい語句を選んで書きなさい。

(各6点×6　36点)

(1) 女性の推古天皇が即位すると，おいの{ 聖徳太子　中大兄皇子 }が摂政となった。

(2) (1)の人物は，役人の心構えを示すために{ 冠位十二階　十七条の憲法 }を制定した。

(3) 7世紀半ば改革が行われ，それまで豪族が支配していた土地と人々を，公地・公民として国家が直接支配する方針が示された。この改革を{ 大宝律令　大化の改新 }という。

(4) 672年，天智天皇の没後のあとつぎをめぐる争いである{ 壬申の乱　白村江の戦い }がおこった。

(5) 710年，唐の都長安にならった{ 藤原京　平城京 }が奈良盆地の北部につくられた。

(6) 奈良時代には，中国の制度や文化を取り入れようとして，たびたび{ 遣隋使　遣唐使 }を送った。

2 飛鳥・奈良時代の生活や文化について，次の文の{ }の中から，正しい語句を選んで書きなさい。

(各6点×4　24点)

(1) 蘇我氏などが仏教を広めようとしたので，日本で最初の仏教文化が栄えた。これを{ 飛鳥文化　古墳文化 }という。

(2) (1)の文化を代表するものは，現存する世界最古の木造建築といわれる{ 興福寺　法隆寺 }である。

(3) 律令政治では，6歳以上のすべての人々に口分田があたえられ，その人が死ぬと国に返すことになっていた。この制度を{ 墾田永年私財法　班田収授法 }という。

(4) 奈良時代に，地方の国ごとに自然，産物，伝承などを記した{ 古事記　風土記 }がつくられた。

3 次の略年表を見て，あとの問いに答えなさい。

(各5点×8　40点)

時代	年	政治・できごと	経済・社会・文化
① [　　] 時代・古墳時代		聖徳太子(厩戸皇子)が摂政となる	飛鳥文化
	607	③ [　　] を隋に送る	法隆寺・釈迦三尊像・玉虫厨子
	618	唐の中国統一	
	645	大化の改新が始まる	遣唐使の開始(630)
		→公地・公民，戸籍の作成	
	663	白村江の戦いで唐・新羅軍に敗れる	山城や水城をつくる
	701	大宝律令 唐の律令にならってつくられる →2官8省，五畿七道，国司・郡司， 　和同開珎	
② [　　] 時代	710	④ [　　] 京に都を移す	⑥ [　　] 文化 「古事記」 「風土記」 「日本書紀」
	743	墾田永年私財法 開墾した土地の私有が認められる ⑤ [　　] ができ始める 公地・公民がくずれる。	東大寺の⑦ [　　]・正倉院 └→聖武天皇の建立

⑴ 年表中の①〜⑦にあてはまる語句を書きなさい。

⑵ 次の文の(　)にあてはまる語句を書きなさい。

「万葉集」には，天皇や貴族だけでなく，九州北部の守りにあたった(　　)や農民の歌も

収められている。

[　　　　　]

書き込み
ドリル

③ 古代国家のあゆみ
① 大化の改新への道のり

1　200　400　600　800　1000　1200　1400　1600　1800　2000年

学習する年代　飛鳥時代

基本

1　次の文の{ }の中から，正しい語句を選んで書きなさい。

✓ チェック P30 **1** ①(各5点×5　25点)

(1)　6世紀末に南北に分裂していた中国を統一したのは{　秦　　魏　　隋　}である。

(2)　(1)がほろびたあと中国を統一したのは{　漢　　唐　　宋　}である。

(3)　(2)の国では刑罰や政治の進め方を定めた{　律令　　戸籍　　雑徭　}に基づく支配が進み，税制や兵役も整備された。

必出 (4)　(2)の都{　長安　　洛陽　　大都　}には国際色豊かな文化が栄えた。

必出 (5)　(2)と結んだ{　高句麗　　新羅　　百済　}は7世紀中ごろには朝鮮半島を統一した。

2　次の文の　　　にあてはまる語句を，下の　　　から選んで書きなさい。

✓ チェック P30 **1** ②(各5点×5　25点)

推古天皇の (1)　　　　　　という役についた聖徳太子は，有力な豪族の

(2)　　　　　　と協力して政治を進めた。603年には身分にとらわれず有能な人材を登用するための (3)　　　　　　を制定し，604年には役人の心構えを示した

(4)　　　　　　を定めた。また，中国と対等の国交を結ぶため，小野妹子を

(5)　　　　　　として中国に派遣した。

十七条の憲法　　遣隋使　　摂政　　蘇我馬子　　冠位十二階　　物部氏

得点UP
コーチ↑

1 (1)は高句麗遠征などで国力がおとろえ，農民の反乱が起きて2代約40年でほろびた。

2 (2)渡来人との関係が深く，仏教を積極的に受け入れた。(5)当時の中国の王朝に使いを送った。

34

発展

3 隋と唐について，次の問いに答えなさい。

✓ チェック P30 **1** ①(各5点×4 20点)

(1) 隋は3度にわたって朝鮮半島北部へ遠征を行った。これを退けた朝鮮半島の国の名を書きなさい。

(2) 唐は隋の時代に整備された法制度を引きつぎ，中央集権国家を目ざした。この法を何というか。

(3) 唐で整備された，人々に一定の土地(口分田)をあたえ，税負担を負わせた制度を何というか。

(4) 隋に代わって中国を統一した唐の都はどこか。

4 大化の改新について，次の問いに答えなさい。

✓ チェック P30 **1** ③(各6点×5 30点)

(1) 645年に中大兄皇子などが倒した豪族は何氏か。

(2) (1)のあとの改革で，豪族が私有していた土地や人民を国家のものとする方針を示した。この方針を何というか。

(3) 大化の改新は，だれを中心とした国家をつくろうとしたのか。

(4) 663年に日本は百済を助けて唐・新羅の連合軍と戦って敗れた。この戦いを何というか。

(5) 天智天皇の死後，皇位をめぐって争いが起きた。この争いを何というか。

得点UP コーチ

3 (2)刑罰を定めた律と，政治の進め方を定めた令。(3)日本の手本となった制度。

4 (1)聖徳太子と協力して政治を行った豪族。(5)天智天皇の弟の大海人皇子が勝利し，天武天皇として即位した。

③ 古代国家のあゆみ

② 律令国家の成立

基 本

1 次の文の{ }の中から，正しい語句を選んで書きなさい。

✅ **チェック** P31 **2** ②（各5点×5 25点）

必出 (1) 710年に唐の都長安をまねて{ 藤原京　平城京　平安京 }がつくられた。

(2) (1)は現在の{ 京都市　奈良市　堺市 }につくられた都である。

(3) (1)から約80年間を{ 飛鳥時代　奈良時代　大和時代 }という。

(4) (1)の朱雀大路の両側には{ 駅　港　市 }があって，各地からさまざまな産物が運ばれてきた。

(5) (4)では唐にならってつくられた貨幣の{ 和同開珎　洪武通宝　永楽通宝 }が流通した。

2 次の文にあてはまる語句を，下の □□□ から選んで書きなさい。

✅ **チェック** P30 **2** ①，P31 **2** ③（各5点×5 25点）

必出 (1) 戸籍に基づいて6歳以上の男女にあたえられた田。

(2) 収穫した稲の約3％を納めたもの。

(3) 絹・糸・綿などやその土地の特産品を納めたもの。

(4) 1年に10日の労役のかわりに布を納めたもの。

必出 (5) 3年間，九州北部の防備についた兵役。

| 租 | 庸 | 調 | 防人 | 衛士 | 口分田 | 墾田 |

得点UP
コーチ↑

1 (1)唐の長安に比べると，広さはかなり小さかった。(3)飛鳥時代は聖徳太子のころ。

2 (1)死ぬと国家に返されるきまりだった。(5)一家の働き手を兵役に取られることは，大変な負担だった。

学習日　月　日　得点　点

発展

3 律令政治について，次の問いに答えなさい。 ✓チェック P30 2 ①（各6点×5　30点）

必出 (1) 701年に完成した律令を何というか。

(2) (1)は中国のどの王朝の律令にならってつくられたか。王朝名を書きなさい。

(3) 右の図のAにあてはまる官名を書きなさい。

(4) 右の図のBにあてはまる官名を書きなさい。

(5) 右の図のCにあてはまる語句を書きなさい。

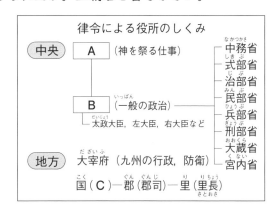

律令による役所のしくみ

中央 ─ A （神を祭る仕事）

B （一般の政治） ── 中務省／式部省／治部省／民部省／兵部省／刑部省／大蔵省／宮内省
　太政大臣，左大臣，右大臣など

地方 ── 大宰府（九州の行政，防衛）
国（ C ）─郡（郡司）─里（里長）

4 次の問いに答えなさい。

✓チェック P31 2 ④（各5点×4　20点）

(1) 口分田不足の理由として，適当でないものをア〜ウから一つ選び，記号で答えなさい。

　ア　負担に苦しんだ農民が口分田を捨てて逃亡した。

　イ　唐，新羅に敗れ，九州の土地の一部を奪われた。

　ウ　人口が増加し，あたえる口分田が足りなくなった。

必出 (2) 開墾した土地の永久私有を認めた法は何か。

(3) 有力な貴族・豪族，社寺は，農民を使って開墾し，私有地を増やしていった。これは，大化の改新で示されたどんな方針に反するものであったか。

(4) (3)の私有地はのちに何と呼ばれるか書きなさい。

得点UP コーチ↑

3 (3)(4)2官8省のうちの2官。(5)中央の貴族がおもに任じられた。

4 (4)後にこの私有地を守るために，有力な寺社や貴族に寄進するという動きが強まり，権力者に富が集中した。

③ 古代国家のあゆみ

3 国際的な文化の開花

1	200	400	600	800	1000	1200	1400	1600	1800	2000年

学習する年代 奈良時代

基本

1 次の文の{ }の中から，正しい語句を選んで書きなさい。

✓ チェック P31 3 ②(各6点×5 30点)

(1) 奈良時代，仏教（ぶっきょう）の力で国を平和にしようとした{ 天智天皇（てんじ） 天武天皇（てんむ） 聖武天皇（しょうむ） }は，都や各地に寺を建てた。

　　　　　　　　　　　　　　　　　[　　　　　　]

必出 (2) (1)のころに栄えた文化は，当時の年号から{ 飛鳥文化（あすか） 天平文化（てんぴょう） 国風文化（こくふう） }と呼ばれる。

　　　　　　　　　　　　　　　　　[　　　　　　]

(3) (1)の遺品など，約1万点の宝物（ほうもつ）が納められている正倉院（しょうそういん）は{ 法隆寺（ほうりゅうじ） 唐招提寺（とうしょうだいじ） 東大寺（とうだいじ） }にある。

　　　　　　　　　　　　　　　　　[　　　　　　]

(4) 8世紀はじめには，{ 三国志（さんごくし） 古事記（こじき） 風土記（ふどき） }という歴史書がつくられた。

　　　　　　　　　　　　　　　　　[　　　　　　]

(5) 和歌もさかんになり，8世紀末には{ 日本書紀（にほんしょき） 万葉集（まんようしゅう） 古事記 }が編さんされた。

　　　　　　　　　　　　　　　　　[　　　　　　]

2 次の文の□□にあてはまる語句を，下の□□から選んで書きなさい。

✓ チェック P31 3 ②(各5点×4 20点)

聖武天皇が即位（そくい）したころ，凶作（きょうさく）や疫病（えきびょう），貴族の反乱が続いた。これをうれえた天皇は

(1) [　　　　　　] の力で国を守ろうと都に (2) [　　　　　　] を，国ごとに

(3) [　　　　　　] と国分尼寺（こくぶんにじ）を建てた。さらに，(2)には多くの費用と労力をかけて

(4) [　　　　　　] をつくったが，大きな負担に人々のくらしはかえって苦しくなった。

儒教（じゅきょう）	国分寺	神殿	薬師寺（やくしじ）	東大寺	仏教	大仏（だいぶつ）	護国寺（ごこくじ）

得点UP
コーチ↑

1 (3)正倉とは寺の倉庫のことで，天皇の遺品が多く残される正倉院は宮内庁（くないちょう）が管理している。

2 (2)総国分寺として建立（こんりゅう）された。(4)この建造によって国の財政はますます苦しくなった。

normal

発展

3 次の問いに答えなさい。

✓ チェック P31 **3** ①(各5点×4 20点)

必出 (1) 遣隋使にかわり，630年から中国に派遣されるようになった使節を何というか。 [　　　　　]

必出 (2) 唐の高僧で，苦難の末に来日し，仏教の発展に努めた写真の人物はだれか。 [　　　　　]

(3) (2)が日本で建てた寺は何か。 [　　　　　]

(4) 留学生として唐にわたり，帰国の途中に遭難して唐で一生を終えた人物はだれか。 [　　　　　]

4 天平文化について，次の問いに答えなさい。

✓ チェック P31 **3** ②(各6点×5 30点)

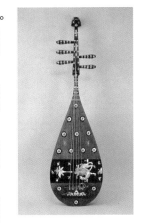

(1) 右の写真の五絃の琵琶などの宝物が納められている建物は何か。 [　　　　　]

必出 (2) (1)の建物には東大寺大仏などをつくった天皇の遺品もある。この天皇の名を答えよ。 [　　　　　]

必出 (3) 歴史書として古事記と同時期につくられたのは何か。 [　　　　　]

(4) 朝廷の命令で，各国の伝承や産物などを記した書物は何か。 [　　　　　]

(5) 「万葉集」の代表的歌人を{ }から一人選べ。 [　　　　　]
{ 小野妹子　推古天皇　柿本人麻呂　蘇我入鹿　聖徳太子 }

得点UP
コーチ

3 (2)何度も遭難して来日を果たしたときには失明していた。(3)唐から招いてつくった寺というのが名前の由来。

4 (3)朝廷の正史の初めとして編さんされた。以後全部で六つの正史が編さんされている。

まとめのドリル

古代国家のあゆみ

1 次の文を読んで，下の問いに答えなさい。

✓ **チェック** P30 **1**，**2**（各6点×8 48点）

　6世紀末，推古天皇の摂政となった ☐A☐ は，蘇我馬子と協力して国家の統一を図った。
☐A☐ の死後，蘇我氏の勢力が天皇をもしのぐほどになったため，☐B☐ や中臣鎌足らは
蘇我氏をほろぼし，天皇を中心とした政治をめざしてC政治の改革を行った。その後，
D天皇の位をめぐる争いが起こったが，新しい政治のしくみは徐々に整えられ，701年に
は，唐にならってE律令がつくられた。

(1)　☐A☐，☐B☐ にあてはまる人名を書きなさい。

A ☐

B ☐

(2)　☐A☐ の人物の政治にあてはまらないものを，次のア〜エから一つ選び，記号で答え
なさい。　☐

　ア　法隆寺を建て，仏教によって人心をまとめようとした。

　イ　土地と人民の私有をやめ，すべて国家のものとする方針を示した。

　ウ　小野妹子を中国に派遣し，大陸のすぐれた制度や文化の吸収に努めた。

　エ　天皇への服従と役人としての心得を十七か条にわたって示した。

(3)　下線部Cの改革を何というか。　☐

(4)　下線部Dの争いを何というか。　☐

(5)　下線部Eの律令について，次の問いに答えなさい。

　①　この律令を何というか。　☐

　②　中央には2官8省の役所が置かれたが，2官とは神祇官ともう一つは何か。

　☐

　③　地方の国に派遣された貴族は，何という役職に任じられてその地方を治めたか。

　☐

得点UP
コーチ↑

1 (1)Bのちの天智天皇。(2)アこのころ，日
本で最初の仏教文化(飛鳥文化)が栄えた。
イは公地・公民，ウは遣隋使，エは十七条
の憲法のこと。(5)③地方の行政組織は，国・
郡・里と細かく区分された。

2 奈良の都と天平文化について，次の問いに答えなさい。

✅ チェック P30 **2**, P31 **3**（各7点×4　28点）

(1)　右の歌によまれている奈良の都を何というか。

あをによし　奈良の都は咲く花の
にほふがごとく　今さかりなり

(2)　右の歌は，奈良時代につくられた歌集に収められている。この歌集の名称を書きなさい。

(3)　右の金銅の大仏を本尊として，聖武天皇が奈良の都に建てた寺は何か。

(4)　(3)の寺の倉には，遠くペルシャやインドなどから伝えられた宝物が納められている。この倉は何と呼ばれるか。

3 右の年表を見て，次の問いに答えなさい。

✅ チェック P30 **2**, P31 **3**（各6点×4　24点）

(1)　Aについて，この年から中国へ送られた使節を何というか。

(2)　Bのころ，唐にならってつくられた貨幣を何というか。

(3)　Cについて，農民に課せられた三つの税を漢字一文字ずつで書きなさい。

(4)　Dについて，このとき定められた法令を何というか。

年代	で　き　ご　と
630	犬上御田鍬を中国に派遣する……A
645	蘇我氏がほろぶ
663	白村江の戦いで日本が敗れる
701	律令が完成する
710	奈良に都が移される………………B
	このころ，重い負担にたえかねて逃亡する農民が増える……………C
723	三世一身法が定められる
743	開墾地の永久私有が認められる…D

得点UP コーチ

2 (1)唐の都長安にならってつくられた。(4)柱を使わない校倉造という様式でつくられている。

3 (1)遣隋使にかわって中国へ送られた使節。(3)農民の負担として，労役の雑徭，兵役(防人など)も覚えておくこと。

4 古代国家のおとろえ

	1	200	400	600	800	1000	1200	1400	1600	1800	2000年

学習する年代 平安時代

1 平安京と摂関政治

ドリル P46

① 平安京

- ●**政治の乱れ**…貴族の勢力争い，僧の政治への口出し。
  └→道鏡は天皇の位につこうとする
- ●**桓武天皇の即位**…都を**長岡京**に移す(784年)。さらに**平安**
  └→京都府
  京をつくり都を移す(794年) ➡ 政治の立て直しを図る。
  └→奈良の仏教勢力を抑える
- ●**平安時代**…鎌倉幕府成立までの約400年間。
  └→1185年ごろ

② 律令政治の立て直し…桓武天皇の政治。

- ●**国司を厳重に監督**…国司の不正 ➡ 農民からの税をごまかして自分のものにするなど。
- ●**農民の負担の軽減**…兵役を少なくし，労役の日数を減らす。
  └→九州・東北以外は兵役をなくす
- ●**班田収授法の行きづまり**…土地を捨てる人の増加 ➡ 班田収授が成り立たなくなる(10世紀に停止)。
- ●**東北地方の支配** ➡ 言語や習慣の異なる**蝦夷**が生活し，朝廷の支配に対抗 ➡ **坂上田村麻呂を征夷大将軍**に任命して遠征させ，蝦夷を平定…蝦夷の首長アテルイの降伏。

③ 新しい仏教…9世紀のはじめ，唐で学んだ2人が帰国して始める。

- ●**最澄**…比叡山に**延暦寺**を建て**天台宗**を広める。
  └→滋賀県・京都府
- ●**空海**…高野山に**金剛峯寺**を建て**真言宗**を広める。
  └→和歌山県

④ 摂関政治の始まり

- ●**藤原氏の繁栄**…娘を天皇のきさきにし，生まれた子を天皇にして勢力を拡大。

▲藤原氏のおもな人物の略系図

鎌足 — 不比等 — 房前 — □□ — 冬嗣 — 良房
└光明子   順子

●基経 時平   ●兼家 ●よりみち
 明子   忠平 — 師輔   道長 頼通
 高子   穏子   安子 彰子
                                 妍子
                                 威子
                                 嬉子
                          詮子 超子

赤字は天皇のきさきとなった女子　●は摂政　●は関白

- ●**他氏の排斥**…藤原氏以外の有力貴族をしりぞける。
- ●**摂関政治**…摂政は天皇が女性や幼いとき，関白は成人後に天皇を補佐する職。藤原氏はこの職に就いて実権をにぎる。
- ●**藤原氏の全盛期**…**藤原道長・頼通**親子のころ。高位を独占。
  └→11世紀の前半。多くの荘園の寄進を受ける

覚えると得

東北経営

朝廷は724年に多賀城(今の宮城県)を築き，東北支配の拠点とした。坂上田村麻呂は802年胆沢城(今の岩手県)を築いて蝦夷支配の最前線とした。

新しい仏教

最澄は，人はだれでもさとりを開いて仏になれると説き，空海は，いのりの力で病気やわざわいを取りのぞこうとした。新しい仏教は，政治と結びつく旧仏教を批判し，朝廷や貴族間に信仰を拡大した。

重要 テストに出る!

道長は，藤原氏の栄華を，「この世をば　わが世とぞ思ふ　もち月の　かけたることも　なしと思へば」と歌によんだ。

⑤ 地方の政治

● 国司…定められた租税(そぜい)を朝廷に納入すれば，地方の政治は
　└→任地には代理の者を行かせ，自身は都にいて収入を得る者もあらわれる
自由に行える。自分の収入を増やすことにはげむ ▶▶▶ 土地

の領主と対立。

● 荘園(しょうえん)の発達…農村では有力な農民による開墾(かいこん)が進む ▶▶▶

私有地を有力な寺社や貴族に寄進し国司と対抗。土地の権
　└→新たに開墾して自分の土地になる
利を確保。

2 文化の国風化(こくふう)

ドリル ▶ P48

① 東アジアの変化

● 遣唐使の停止…唐の衰退(すいたい) ▶▶▶ 菅原道真(すがわらのみちざね)の訴(うった)えにより停止
　└→894年
　　　▶▶▶ 唐の文化の影響がうすれる。

● 唐の滅亡(めつぼう)…唐の末期からの長い混乱の後，宋(そう)が中国(ちゅうごく)統一。
　└→907年
● 高麗の統一(こうらい)…朝鮮半島(ちょうせん)では新羅(しらぎ)が滅亡。
　└→936年　　　　　　　　　　　　└→新羅(しんら)

② 国風文化…日本の風
土や生活感情にあった
文化。

● 寝殿造(しんでんづくり)…美しい自然
を庭園に取り入れた
貴族の館の建築様式。

▲源氏物語絵巻

● 大和絵(やまとえ)…日本の風景や人物 ▶▶▶ 屏風(びょうぶ)・絵巻物(えまきもの) ▶▶▶ 「源氏物
語絵巻(がたりえまき)」。

● 仮名文字(かな)の普及(ふきゅう)…文学の発達 ▶▶▶ 「源氏物語」，「枕草子(まくらのそうし)」。
　　　　　　　　　　　　　　　└→紫式部　　　　└→清少納言

● 和歌の発達…「古今和歌集(こきんわかしゅう)」。
　　　　　　　　　└→紀貫之らの編集

③ 浄土信仰(じょうどしんこう)（浄土の教え）…死後に
極楽浄土(ごくらくじょうど)に生まれかわることを願う。

● 起こり…社会の乱れ・災害 ▶▶▶

人々の不安が増大。

● 念仏(ねんぶつ)…阿弥陀仏(あみだぶつ)にすがる。

● 阿弥陀堂(あみだどう)…極楽浄土を写したも
の ▶▶▶ 平等院鳳凰堂(びょうどういんほうおうどう)
　　　　　　　　└→藤原頼通

▲平等院鳳凰堂

スタート ドリル

古代国家のおとろえ

	1	200	400	600	800	1000	1200	1400	1600	1800	2000年

学習する年代 平安時代

---

1 次の文の{ }の中から，正しい語句を選んで書きなさい。

(各6点×5 30点)

(1) 794年，桓武天皇は都を現在の京都市に移した。この都を{ 長岡京 平安京 }という。

(2) 8世紀末から9世紀にかけて，東北地方の蝦夷を支配しようとした朝廷は，坂上田村麻呂を{ 国司 征夷大将軍 }に任命して，胆沢地方を平定させた。

(3) 唐のおとろえもあり，{ 小野妹子 菅原道真 }の提案によって遣唐使を停止した。

(4) 9世紀後半から，藤原氏による{ 摂関政治 律令政治 }が始まった。

(5) (4)の政治の全盛期は，11世紀前半の{ 藤原鎌足 藤原道長 }のころであった。

---

2 平安時代の文化について，次の文の{ }の中から，正しい語句を選んで書きなさい。

(各6点×5 30点)

(1) 唐で学んだ{ 鑑真 最澄 }は，仏教の新しい宗派として天台宗を伝えた。

(2) 真言宗を伝えた空海は，高野山に{ 金剛峯寺 唐招提寺 }を建てた。

(3) 平安時代の中ごろの貴族たちは，唐風の文化をふまえながらも，日本の風土や生活感情にあった文化を生み出した。これを{ 国風文化 天平文化 }という。

(4) 仮名文字で源氏物語を書いたのは，{ 清少納言 紫式部 }である。

(5) 死後に極楽浄土に生まれかわることを願う{ 密教 浄土信仰 }が起こった。

3 次の略年表を見て，あとの問いに答えなさい。

（各5点×8　40点）

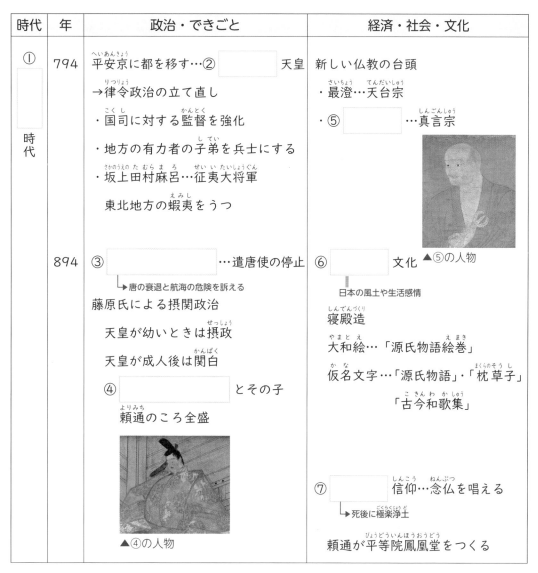

時代	年	政治・できごと	経済・社会・文化
① □□ 時代	794	平安京に都を移す…② □□ 天皇 →律令政治の立て直し ・国司に対する監督を強化 ・地方の有力者の子弟を兵士にする ・坂上田村麻呂…征夷大将軍 　東北地方の蝦夷をうつ	新しい仏教の台頭 ・最澄…天台宗 ・⑤ □□…真言宗 ▲⑤の人物
	894	③ □□…遣唐使の停止 ┗唐の衰退と航海の危険を訴える 藤原氏による摂関政治 　天皇が幼いときは摂政 　天皇が成人後は関白 ④ □□ とその子 頼通のころ全盛 ▲④の人物	⑥ □□ 文化 ‖ 日本の風土や生活感情 寝殿造 大和絵…「源氏物語絵巻」 仮名文字…「源氏物語」・「枕草子」 　「古今和歌集」 ⑦ □□ 信仰…念仏を唱える ┗死後に極楽浄土 頼通が平等院鳳凰堂をつくる

⑴　年表中の①～⑦にあてはまる語句を書きなさい。

⑵　次の文の（　）にあてはまる語句を書きなさい。

年表中の⑦の信仰が広まると，阿弥陀如来の像や，それを納めるための（　　）がさかん

につくられるようになった。

④ 古代国家のおとろえ

① 平安京と摂関政治

| 1 | 200 | 400 | 600 | 800 | 1000 | 1200 | 1400 | 1600 | 1800 | 2000年 |

学習する年代 平安時代

基本

1 次の文の{ }の中から，正しい語句を選んで書きなさい。

✓ チェック P42 **1** ①，②（各6点×5 30点）

(1) 794年，現在の京都につくられた{ 平城京　長岡京　平安京 }に都が移された。

(2) { 天武天皇　聖武天皇　桓武天皇 }は，奈良の仏教勢力の影響を抑えるために遷都を行った。

(3) (1)の遷都から鎌倉幕府が成立するまでの約400年間を{ 飛鳥時代　奈良時代　平安時代 }という。

(4) (2)の天皇は農民の負担を軽くするために，{ 兵役の一部　国司　班田収授 }をなくした。

(5) (2)の天皇は坂上田村麻呂を{ 防人　遣隋使　征夷大将軍 }に任命して東北地方の蝦夷を平定させた。

必出 **2** 次の文の＿＿＿にあてはまる語句を，下の＿＿＿から選んで書きなさい。

✓ チェック P42 **1** ③（各5点×4 20点）

遣唐使に従って唐に学んだ二人の僧は，平安時代の初めに帰国し仏教の新しい宗派を伝えた。(1)＿＿＿＿＿は，比叡山(滋賀県・京都府)に延暦寺を建てて

(2)＿＿＿＿＿を広め，(3)＿＿＿＿＿は，高野山(和歌山県)に金剛峯寺を建てて(4)＿＿＿＿＿を広めた。この二つの宗派は，山奥での厳しい修行を重んじ，朝廷や貴族の信仰を集めるようになった。

| 真言宗 | 天台宗 | 鑑真 | 行基 | 空海 | 最澄 |

得点UP
コーチ

1 (1)貴族や僧の間で勢力争いが激しくなったため。(5)のちに武士の頭の官職となった。

2 (2)(4)儀式やいのりで人々の苦しみを除こうとしたので，朝廷や貴族の信仰も集めた。

発展

3 藤原氏の繁栄について，次の問いに答えなさい。

✓ **チェック** P42 **1** ④（各5点×6　30点）

(1) 次の文の（　）には同じ語句が入る。その語句を書きなさい。

藤原氏は娘を（　）のきさきにし，生まれた子を次の（　）にして勢力を広げた。

(2) 藤原氏は何という役職について政治の実権をにぎったか。

① 天皇が幼いとき

② 天皇が成人した後

必出 (3) (2)のような政治を何というか。

(4) 藤原氏の全盛期はだれのころか。あてはまる親子の名を書きなさい。

父：

子：

4 地方の動きについて，次の問いに答えなさい。

✓ **チェック** P43 **1** ⑤（各5点×4　20点）

(1) 地方では有力な農民が開墾を行い，私有地を広げ領主となっていった。この私有地のことを何というか。

(2) (1)のように私有地を広げるきっかけとなった743年に出された法は何か。

(3) 地方の領主は，(1)を守るために有力者に土地を寄進して年貢を納め，自らは現地の実質的な支配者となった。かれらが寄進した有力者とはだれか。2つ書きなさい。

**得点UP
コーチ**

3 (4)父親は「この世をば　わが世とぞ思ふ　もち月の　かけたることも　なしと思へば」の和歌をよんだ。

4 (2)藤原氏には全国から荘園が寄進され，そこから納められるばく大な富によって，はなやかな生活を送った。

4 古代国家のおとろえ

② 文化の国風化

基本

1 次の文の{ }の中から，正しい語句を選んで書きなさい。

✓ チェック P43 **2** ①(各6点×5 30点)

(1) 東アジアの中心であった①{ 秦　漢　唐 }が907年にほろび，長い混乱の後，中国は②{ 隋　宋　魏 }によって統一された。

①	②

(2) 朝鮮半島でも①{ 高句麗　新羅　百済 }が10世紀の初めごろにほろび，936年には②{ 高麗　任那　朝鮮国 }が統一した。

①	②

(3) 唐のおとろえを見た日本は，894年に{ 菅原道真　藤原道長　桓武天皇 }の訴えによって遣唐使を停止した。

2 次の文の____にあてはまる語句を，下の____から選んで書きなさい。

✓ チェック P43 **2** ③(各5点×5 25点)

このころ天災や社会の乱れなど，人々が不安をつのらせるようなできごとが多く起こった。人々の間には (1)_____ 仏にすがって死後に (2)_____ 浄土に生まれ変わりたいという (3)_____ が広まった。

貴族の間にもこの教えは広まり，(4)_____ が宇治(京都府)につくらせた阿弥陀堂の (5)_____ は有名である。

藤原道長	藤原頼通	阿弥陀	極楽	浄土信仰	平等院鳳凰堂

**得点UP
コーチ↱**

1 (1)日本が遣唐使を派遣するなど，文化の摂取に努めた国。(2)高句麗と高麗を混同しない。

2 さかんにつくられた阿弥陀堂は，浄土を現世に写したとされている。

発展

3 平安時代（へいあん）の国風（こくふう）文化について，次の問いに答えなさい。

✓ チェック P43 **2** (各5点×9 45点)

(1) 遣唐使が停止されたことにより，どこの国の文化の影響（えいきょう）がうすれたか。

(2) 日本の美しい自然や人物をえがく技法が生まれ，絵画がえがかれた。これを何というか。

(3) (2)の技法でえがかれた右の写真の作品名を書きなさい。

(4) この時代，物語など多くの文芸作品が生まれたが，この背景には何の普及（ふきゅう）があげられるか。

必出 (5) 次の文学作品の作者を書きなさい。
① 「源氏物語（げんじものがたり）」
② 「枕草子（まくらのそうし）」

(6) 紀貫之（きのつらゆき）らによって編集された，この時代の代表的な和歌集は何か。

(7) この時代の貴族の住居の建築様式を何というか。

(8) 右の写真は，藤原頼通が京都の宇治に建てた阿弥陀堂である。この阿弥陀堂を何というか。

得点UP コーチ **3** (1)奈良時代の天平（てんぴょう）文化がどこの国の影響を受けていたか考える。(3)写真のような絵の形式を絵巻物（えまきもの）という。(5)いずれの作品も，女性が書いた。
(7)自然を取り入れた庭園で，貴族は舟遊びなどを楽しんだ。

古代国家のおとろえ

1 右の年表を見て，次の問いに答えなさい。 ✓ チェック P42 **1** ，P43 **2** （各5点×12　60点）

(1) 年表中の（　　）にあてはまる語句を書き
なさい。

①
②
③

年代	で　き　ご　と
794	平安京に都を移す‥‥‥‥‥‥‥ A
797	（ ① ）が征夷大将軍に任命される‥‥ B
805	最澄が（ ② ）を開く‥‥‥‥‥ C
806	（ ③ ）が真言宗を開く‥‥‥‥ D
894	遣唐使が停止される。‥‥‥‥‥ E

(2) 年表中のAについて，京都に都が移され
た理由として誤っているものを，次のア～ウから一つ選び，記号で答えなさい。

ア　奈良の仏教勢力との関係を断ち切るため。

イ　貴族の勢力争いによって乱れた政治を立て直すため。

ウ　仏教文化の中心が，奈良から京都へ移ったため。

(3) 年表中のBについて，このころ東北地方に住んでいた人々は，何と呼ばれたか。

(4) ①の人物が，802年に築いた東北支配の拠点の名前を書きなさい。

(5) 年表中のC・Dについて，最澄・（ ③ ）が比叡山，高野山に建てた寺の名をそれぞれ
書きなさい。　　最澄 　　　　　　　　　③の人物

(6) 年表中のEについて，唐のおとろえ，航路の危険を訴えた人物はだれか。

(7) 年表中のEのあとつくられた，源氏物語と枕草子の作者名をそれぞれ書きなさい。

源氏物語 　　　　　　　　　枕草子

必出 (8) 年表中のA～Dの間に，律令政治の立て直しに努めた天皇はだれか。

得点UP コーチ↑

1 (1)①蝦夷を平定し，東北支配の拠点として胆沢城（岩手県）を築いた。③弘法大師と呼ばれた。(3)平安時代のはじめまで，朝廷の支配は東北地方南部までだった。

2 次の文を読んで，下の問いに答えなさい。

✓ チェック P42 **1**, P43 **2** (各5点×4　20点)

中臣鎌足の子孫である藤原氏は，たくみに他の貴族を退け，A天皇と親戚関係を深めて勢力をのばした。9世紀中ごろからは，B天皇が幼いときには摂政，成人してからは関白となって政治の実権をにぎった。藤原氏は高位高官を独占し，一族を中心として栄華を極めた。しかし，全盛期を築いた道長・C頼通ののちは急速にその勢力を失っていった。

(1)　下線部Aは，具体的にはどういうことか。{　天皇　　きさき　}の語句を使って簡潔に書きなさい。

(2)　下線部Bの政治を何というか。

(3)　下線部Cの人物が建てた，右の写真の建物を何というか。

(4)　写真の建物は，極楽浄土への願いをあらわしている。このことから何という教えが広まっていたことが分かるか。

3 国風文化について，次の問いに答えなさい。

✓ チェック P43 **2** (各4点×5　20点)

(1)　自然や風俗をえがいた日本風の絵画を何というか。

(2)　次の文にあてはまる語句を書きなさい。

①　紀貫之らが編集した和歌集。

②　美しい自然を庭園に取り入れた貴族の住居の建築様式。

③　日本語を書きあらわせる文字。

④　季節ごとのさまざまな行事。

**得点UP
コーチ↑**

2 (1)天皇の外戚（母方の親戚）になるということ。(3)この世の極楽浄土をあらわそうとして建てた阿弥陀堂。

3 (1)貴族の邸宅の屏風などにえがかれ，のちには絵巻物の絵画として発展した。
(2)①天皇の命により編集された和歌集。

定期テスト 対策問題

古代国家のあゆみ／古代国家のおとろえ

1 次の文を読んで，下の問いに答えなさい。

✅ **チェック** P30 **1**, **2**, P31 **3**, P42 **1**, P43 **2**（各4点×16　64点）

A　諸国の荘園の寄進によるばく大な富を集めて ① [　　　　　　　] 政治の全盛期を築き，「この世をば　わが世とぞ思ふ……」と和歌をよんだ。

B　仏教勢力をおさえるために，794年，都を ② [　　　　　　　] に移し，律令政治の立て直しに努めた。

C　645年，③ [　　　　　　　] 氏をほろぼして，公地・公民や戸籍の作成などの改革を行い，中央集権国家の建設に努めた。

D　唐の文化の影響がうすれるなかで，わが国で独自に発達した文字を使って，宮中の生活を記した随筆「枕草子」を書いた。

E　乱れた世の中を仏教の力で立て直そうと，都に ④ [　　　　　　　] を，国ごとに国分寺・国分尼寺を建てた。

F　仏教を敬い天皇中心の政治をめざすために役人の心構えを示した法をつくり，身分に関係なく役人を登用するために冠位十二階を定めた。また，中国との対等の外交をめざして ⑤ [　　　　　　　] として小野妹子を派遣した。

(1)　文中の[　]にあてはまる語句を書きなさい。

(2)　A～Fの文は，それぞれだれについて述べたものか。あてはまる人名を，下の[　]から選んで書きなさい。

A		B	
C		D	
E		F	

桓武天皇　　聖徳太子　　聖武天皇　　中大兄皇子　　藤原道長　　清少納言

(3)　Bの下線部について，701年に唐にならって国家の仕組みを定めるために制定されたきまりを何というか。　[　　　　　　　]

(4)　Cの下線部について，この改革を何というか。　[　　　　　　　]

(5)　Dの下線部について，漢字を変形させて，日本語を音声通りに表せるようになった文字を何というか。

(6)　Fの下線部について，これを何というか。

(7)　B～Fの文を，年代の古い順に並べかえよ。

　　　　　　　　　→　　　　→　　　　→　　　　→

2　A～Cの写真を見て，次の問いに答えなさい。

✓ チェック P30 **1**, P31 **3**, P43 **2**（各6点×6　36点）

(1)　Aの写真は，聖徳太子(厩戸皇子)が建てた法隆寺である。このころ栄えた，日本で最初の仏教文化を何というか。

(2)　Bの写真は，東大寺の中につくられたある建物に，8世紀中ごろに納められたガラス製品である。このガラス製品が納められた建物は何と呼ばれるか。

(3)　Bの写真のような文物は，ローマから中央アジアを通って中国にいたる陸の交通路で運ばれた。この交通路は何と呼ばれるか。

(4)　Cの写真は，平安時代の貴族の生活をえがいた，ある物語を題材としてつくられた絵巻物である。ある物語とは何か。

(5)　(4)の物語がえがかれたころの文化は，唐風文化に対して何と呼ばれるか。

(6)　(5)の文化が発達した原因の一つは遣唐使の停止である。このことを訴えた人物の名を書きなさい。

53

5 武士の台頭と鎌倉幕府

| 1 | 200 | 400 | 600 | 800 | 1000 | 1200 | 1400 | 1600 | 1800 | 2000年 |

学習する年代 平安・鎌倉時代

1 武士の成長

ドリル ▶ P58

①武士の登場

- **武士のおこり**…有力な農民や豪族が土地を守るために武装する ■▶ **武士団**をつくり，朝廷や貴族と結びつきを強める。
- **武士団**…惣領，家の子・郎党，下人で構成。
- **武士の反乱**…平将門の乱，藤原純友の乱 ■▶ 武士の力で平定。
  - └→北関東　　└→瀬戸内地方　　平氏や源氏が実力を示す←┘

②院政…上皇（位をゆずった天皇）が行った政治。
  - └→上皇や上皇の御所を院と呼んだ
- **後三条天皇**…藤原氏との関係がうすい ■▶ 荘園の整理。
- **白河天皇（上皇）**…藤原氏をおさえて院政を開始。
  - └→各地の荘園の寄進を受け，強大な権力をにぎる
- **武士の台頭**…争いに武士の力を用いることが多くなった。
- 11世紀後半に東北地方で戦乱 ■▶ 源氏がしずめ東日本に勢力。
  - └→前九年合戦・後三年合戦

③平氏政権

- **保元の乱**…天皇家・藤原氏の内部争い ■▶ 武士の地位の上昇。
  - └→武士の武力を使う。1156年
- **平治の乱**…源氏と平氏の争い ■▶ 平氏が政治の実権をにぎる。
  - └→1159年。源義朝の敗北
- **平清盛**…武士として初めて太政大臣となる ■▶ 貴族的な政治。
  - 娘を天皇のきさきにする。一門で高位高官を独占←┘
- **日宋貿易**…兵庫の港を整備。中国（宋）との貿易。
  - └→大輪田泊
- **源平の争乱**…貴族・寺社・武士の不満が高まり，源氏が挙兵した（**源義仲・源頼朝**）■▶ 平氏の滅亡（**壇ノ浦の戦い**）。
  - └→木曽義仲　　　　　　　　　　　　　　　　　└→山口県

2 武家政権の成立

ドリル ▶ P60

①鎌倉幕府の成立…武家政治の開始。以後約140年を鎌倉時代。

- **守護・地頭**…頼朝は国ごとに守護，荘園・公領ごとに地頭を置く権利を獲得。
  - └→1185年設置
- **征夷大将軍**…武士の棟梁である頼朝が任じられる。
  - └→1192年

②封建制度…土地を仲立ちとした主従関係のこと。
  - └→鎌倉時代は御恩と奉公
- **御恩**…将軍は御家人の領地を保護したり，新たな領地をあたえること。

中央
- 侍所（御家人の統率・軍事）
- 政所（幕府の財政など）
- 問注所（裁判）

将軍 ─ 執権（将軍の補佐）
- 六波羅探題（京都の警備・朝廷の監視・西国武士の統率）
- 守護（国内の軍事・警察と御家人の統率）

地方
- 地頭（荘園や公領の管理・年貢の取り立て・警察の仕事）

▲鎌倉幕府の仕組み

覚えると得

源氏と平氏

源氏と平氏は武士の棟梁として多くの武士を従えた。平姓は桓武天皇の孫の子にあたる高望王にあたえられたのが始まり。源姓は何人もの天皇の子孫にあたえられたが，頼朝は清和天皇の子孫が祖。

僧兵

延暦寺などの大寺院が養っていた武装した僧。

奥州藤原氏

後三年合戦後，平泉（岩手県）を中心に，三代にわたって勢力を持った。中尊寺金色堂が有名。頼朝の弟源義経をかくまったことで，頼朝にほろぼされた。

守護と地頭

守護は諸国に設置され，国の軍事・警察権を掌握した。地頭は荘園や公領ごとに置かれ，土地管理，治安維持，税の取り立てなどを行った。

- ●奉公…御家人は将軍に忠誠を誓い，「いざ鎌倉」のとき出陣。
- ③執権政治…北条氏が執権職を独占して行った政治。
  └→頼朝の妻政子の実家
  - ●源氏の滅亡…頼朝の死後，権力争いにより三代で滅亡。
  - ●承久の乱…後鳥羽上皇が，源氏の滅亡を見て反幕府の挙兵
    └→1221年
    をしたが敗北。幕府の支配が全国におよんだ。
  - ●六波羅探題…京都に設置 ■■▶ 朝廷の監視と西国の御家人
    └→承久の乱後
    の統率。
  - ●御成敗式目(貞永式目)…裁判の基準で武家法のもと。
    └→1232年，北条泰時が制定

③ 鎌倉時代の宗教と文化
ドリル P62

- ①武士の生活…領地に防備を固めたやしきを構え，農業を営む。
  - ●弓馬の道…戦いに備え武芸の訓練。名を重んじ恥を知る。
  - ●家族制度…惣領を中心に一族が団結。領地は分割相続。
    └→家の子，郎党　└→惣領以外も相続
  - ●女性の地位…領地の相続権がある ■■▶ 女性の地頭も出現。
  - ●下地中分…地頭が力をつけていった。
- ②農村の生活…荘園領主と地頭の二重支配を受ける。
  - ●農業の発達…牛馬，草木を焼いた灰の利用。二毛作。
    └→肥料　　　　　　　　　　　└→麦を裏作。西日本
  - ●手工業者…鍛冶屋・紺屋。
    └→農具をつくる └→染物
  - ●商業の発達…定期市の開催。銅銭(中国から輸入)の使用。
    └→寺社の門前など　　　　　└→宋
- ③新しい仏教…わかりやすい教え。
  - ●念仏…浄土宗(法然)，浄土真宗(親鸞)，時宗(一遍) ■■▶ 民
    └→踊念仏
    衆に受け入れられる。
  - ●日蓮宗(法華宗)…日蓮が開祖。幕府や他宗を攻撃。
  - ●禅宗…臨済宗(栄西)，曹洞宗(道
    元) ■■▶ 座禅による修行を重視。
  - ●神道…神仏習合の考えで形成。
    └→日本古来の信仰と仏教が結びつく
- ④鎌倉文化…質素で力強い気風。
  - ●文学…軍記物「平家物語」，和歌「新
    └→琵琶法師が広める └→つれづれぐさ
    古今和歌集」，随筆「徒然草」，「方丈
    └→藤原定家らの選 └→兼好法師 └→随筆
    記」。
    └→鴨長明
  - ●建築・彫刻…東大寺南大門，円覚
    寺舎利殿，金剛力士像。
    └→南大門。運慶・快慶作
  - ●絵画…合戦の様子などをえがく絵巻物，似絵(肖像画)。
    └→絵巻物　└→肖像画

▲金剛力士像

覚えると得

執権

鎌倉幕府の重職である侍所と政所の長官を兼ねた職の呼び名。北条氏が世襲した。

御家人

将軍に忠誠をちかった武士のこと。

二重支配

承久の乱後も，京都の朝廷が任命した国司が守護と同様に置かれていた。荘園も領主と幕府が任命した地頭が並びたっていた。

下地中分

領主と地頭が争った際に幕府の裁きにより，地頭が土地の一部を得て，以後お互いの権利を侵さないことを約束する仕組み。

ミスに注意

★臨済宗と曹洞宗…同じ禅宗でも，幕府や上級の武士たちに支持されたのは臨済宗。曹洞宗は権力を嫌い，越前(福井県)に道場を開くなど，地方武士や農民の間に広まった。

スタートドリル

武士の台頭と鎌倉幕府

	1	200	400	600	800	1000	1200	1400	1600	1800	2000年

学習する年代 平安・鎌倉時代

1　次の文の{ }の中から，正しい語句を選んで書きなさい。

(各6点×5　30点)

(1)　10世紀になると，地方の有力な豪族が力をつけ，土地を守るために武装し，{ 貴族　武士 }が生まれた。

(2)　上皇(位をゆずった天皇)が行った政治を{ 摂関政治　院政 }といい，1086年，白河上皇がはじめて行った。

(3)　保元の乱，平治の乱という2つの内乱に勝利した{ 平清盛　平将門 }が大きな力を持つようになり，武士として初めて太政大臣となった。

(4)　1185年，源頼朝は国ごとに守護，荘園・公領ごとに地頭を置くことを朝廷に認めさせ，{ 鎌倉　室町 }に武士政権を成立させた。

(5)　1221年，{ 後鳥羽上皇　後白河上皇 }は幕府をたおそうとして兵をあげたが，幕府の大軍に敗れた。

2　鎌倉時代の生活や文化について，次の文の{ }の中から，正しい語句を選んで書きなさい。

(各5点×5　25点)

(1)　将軍と配下の武士の{ 御家人　郎党 }は，御恩・奉公という関係で結ばれていた。このように，土地を仲立ちとした主従関係を封建制度といった。

(2)　農業の技術が進歩し，西日本地方を中心に稲と麦を交互につくる{ 二毛作　二期作 }が行われるようになった。

(3)　寺社の門前で{ 定期市　手工業 }が開かれるなど，商業が発達した。

(4)　念仏を唱えればだれでも極楽浄土に生まれ変わると説いて浄土宗を開いたのは，{ 一遍　法然 }である。

(5)　鎌倉時代には，軍記物として{ 源氏物語　平家物語 }がつくられた。

3 次の略年表を見て，あとの問いに答えなさい。

(各5点×9 45点)

時代	年	政治・できごと	経済・社会・文化
① ＿＿＿＿＿ 時代	935	平将門の乱（～40） ┐武士の反乱	
	939	藤原純友の乱（～41） ┘	
	1051	前九年合戦（～62） ┐源氏が東日本	
	1083	後三年合戦（～87） ┘に力を持つ	
	1086	③ ＿＿＿＿＿ の開始…上皇による政治	
	1156	保元の乱…武士の地位の上昇	
	1159	平治の乱…平氏の地位確立	日宋貿易（兵庫の港（大輪田泊）を整備）
	1167	④ ＿＿＿＿＿ が太政大臣となる →武士で初めて	
② ＿＿＿＿＿ 時代	1185	壇ノ浦の戦い…平氏の滅亡	鎌倉文化
		⑤ ＿＿＿＿＿ が諸国に守護・地頭を設置	金剛力士像…運慶・快慶 「平家物語」…琵琶法師が語りつぐ 「徒然草」…兼好法師
	1192	⑤が征夷大将軍に任命される	「方丈記」…鴨長明 「新古今和歌集」
		⑥ ＿＿＿＿＿ 政治 →北条氏が独占	絵巻物・似絵 鎌倉仏教
	1221	⑦ ＿＿＿＿＿ の乱…鎌倉幕府の支配が固まる →後鳥羽上皇が挙兵	浄土宗・浄土真宗・時宗・日蓮宗 臨済宗・曹洞宗
		六波羅探題の設置 →裁判の基準	経済の発達
	1232	北条泰時が⑧ ＿＿＿＿＿ を定める。	二毛作・定期市

(1) 年表中の①～⑧にあてはまる語句を書きなさい。

(2) この時代はどのような時代か。次の文の（ ）にあてはまる語句を書きなさい。

貴族中心の世の中から，（ ）中心の世の中へ変わっていった時代。

	1	200	400	600	800	1000	1200	1400	1600	1800	2000年

学習する年代 平安時代

基本

1 次の文の{ }の中から，正しい語句を選んで書きなさい。

✓ チェック P54 **1** ①，②(各5点×5 25点)

(1) 天皇の子孫である源氏や平氏は，武士の{ 親方　郎党　棟梁 }として，多くの

武士を従えた。

必出 (2) 10世紀前半，関東地方で{ 平将門　藤原鎌足　藤原純友 }が反乱を起こした。

(3) 東北地方の二つの乱をしずめた{ 平氏　源氏　藤原氏 }は，東国で勢力をのば

した。

必出 (4) 1086年，白河上皇が始めた政治を{ 律令政治　摂関政治　院政 }という。

(5) 延暦寺や興福寺などの大寺院が養っていた武装した僧を，{ 豪族　僧兵

武士 }という。

2 次の文にあてはまる語句を，下の　　　から選んで書きなさい。

✓ チェック P54 **1** ③(各6点×4 24点)

(1) 1156年，天皇と上皇の対立に藤原氏の勢力争いがからみ，肉親が二つに分かれて争

う乱が起こった。

(2) (1)の3年後，源氏と平氏は敵対して争った。

(3) 武士としてはじめて太政大臣となった。

必出 (4) (3)の人物は兵庫の港を整え，中国と貿易を行った。

源 義朝　　　　平治の乱　　　　保元の乱　　　　日宋貿易　　　　平清盛

**得点UP
コーチ**

1 (2)朝廷に反抗し，みずから新皇と称し
た。(3)源義家らが東国の武士を率いてしず
めた。

2 (3)(2)の乱で源義朝を破り，朝廷におけ
る平氏の地位を確立した人物。
(4)平氏政権の有力な財源であった。

| 学
習
日 | 月 | 日 | 得
点 | 点 |

発展

3　右の地図を見て，次の問いに答えなさい。

✅ チェック P54 **1** ①，②（各7点×3　21点）

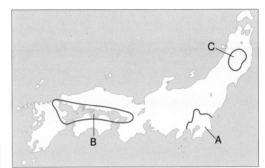

必出 (1)　935年に，地図中の**A**の地域で起こった反乱を何というか。

(2)　939年，海賊（かいぞく）を率いた武士が，地図中の**B**の地域で起こした反乱を何というか。

(3)　11世紀後半，地図中の**C**の地域で起こった2度の反乱のあと，この地方に三代にわたり勢力を持ったのは何氏か。

4　次の問いに答えなさい。

✅ チェック P54 **1** ②，③（各6点×5　30点）

(1)　次の文の□□にあてはまる語句を書きなさい。

摂関政治がおとろえると，　①　天皇は，位をゆずり上皇となったのちも政治を行った。この政治を　②　という。上皇は全国から多くの　③　を寄進されてその権勢をほこったが，大寺院が僧兵を使って行う無理な要求に，しばしば悩（なや）まされた。

(2)　平清盛が，朝廷から源氏の勢力を一掃（いっそう）し，平氏の政権を築くきっかけとなった乱は何か。

必出 (3)　平氏政権の財源として，平清盛が中国と行った貿易を何というか。

- -

**得点UP
コーチ**↰

3　いずれの反乱も武士によってしずめられた。以後，朝廷は武士の力を認め，重く用いるようになった。

4　(1)②上皇の御所（ごしょ）を院という。(3)おもな輸出品は硫黄・刀剣など，おもな輸入品は宋銭（そうせん）・絹織物・陶磁器（とうじき）など。

書き込みドリル

❷ 武家政権の成立

1	200	400	600	800	1000	1200	1400	1600	1800	2000年

学習する年代 鎌倉時代

基本

1 次の文の　　　にあてはまる語句を，下の　　　から選んで書きなさい。

✅ チェック P54 **2** ②(各6点×4　24点)

　将軍（しょうぐん）の家来となった武士は (1)　　　　　　　　　と呼ばれた。そして，将軍から先祖代々の領地の支配を認めてもらったり，てがらによって新しい領地をあたえられたりする (2)　　　　　　　　　にむくいるため，「いざ鎌倉（かまくら）」というときには命がけで戦った。これを (3)　　　　　　　　　という。このような土地（領土）を仲立ちとした主従関係（しゅじゅう）を (4)　　　　　　　　　という。

> 封建制度（ほうけん）　　律令制度（りつりょう）　　家の子　　御家人（ごけにん）　　御恩（ごおん）　　奉公（ほうこう）

2 次の文の{ }の中から，正しい語句を選んで書きなさい。

✅ チェック P54 **2** ①(各6点×6　36点)

必出 (1)　源頼朝（みなもとのよりとも）は国ごとに①{　国司（こくし）　守護（しゅご）　将軍　}を，荘園・公領（しょうえん・こうりょう）ごとに②{　地頭（じとう）　郡司（ぐんじ）　荘官（しょうかん）　}を置くことを朝廷（ちょうてい）に認めさせた。

　①　　　　　　　　　

　②　　　　　　　　　

(2)　源頼朝は朝廷から①{　関白（かんぱく）　太政大臣（だいじょう）　征夷大将軍（せいいたいしょうぐん）　}に任じられ，②{　京都　鎌倉　奈良　}に武家政権を確立した。

　①　　　　　　　　　

　②　　　　　　　　　

(3)　将軍を中心とした幕府には，中央に幕府の政治や財政を行う政所（まんどころ），御家人の統率や軍事をつかさどる①{　院（いん）　侍所（さむらいどころ）　大宰府（だざいふ）　}，訴訟（そしょう）や裁判をつかさどる②{　問注所（もんちゅうじょ）　遣唐使（けんとうし）　太政官（だいじょうかん）　}が置かれた。

　①　　　　　　　　　

　②　　　　　　　　　

得点UP　コーチ

1 (2)主君が家臣にあたえる恩恵（おんけい）。おもに領地の給与。「本領安堵（ほんりょうあんど）」「新恩給与（しんおんきゅうよ）」。(3)家臣が主君に対して果たすべき義務。

2 (1)①は警察の役割，②はおもに土地管理を行った。

5 武士の台頭と鎌倉幕府

学習日　　月　　日　得点　　　点

スタート
ドリル
書き込み
ドリル❶
書き込み
ドリル❷
書き込み
ドリル❸
まとめの
ドリル

発展

3 右の年表を見て，次の問いに答えなさい。

✓ **チェック** P55 **2** ③(各5点×8　40点)

年代	で　き　ご　と
1199	源頼朝が死ぬ……………………… A
1219	源氏が絶える
1221	［　　　］が起こる……………… B
1232	北条泰時が裁判の基礎を定める……………………………… C

(1) 年表中の**A**ののち，幕府の実権をにぎったのは何氏か。

(2) (1)は幕府の中で何という役職についたか。

(3) 年表中の**B**の［　　］にあてはまる朝廷と幕府の戦いを何というか。

(4) **B**のとき，朝廷側の中心にいて幕府をたおそうとした人物はだれか。

(5) **B**のとき，幕府側で御家人に頼朝の恩を説いて結束をうながした人物はだれか。

(6) **B**のあと，京都に置かれ，朝廷の監視と西国御家人の統制にあたった役所は何か。

(7) **B**のあとの様子として正しいものを，次の**ア～ウ**から一つ選び，記号で答えなさい。

　ア　朝廷の力がおとろえ，幕府の力が西国にまでおよぶようになった。

　イ　幕府は，味方した御家人に十分なほうびをあたえなかったため信用を失った。

　ウ　幕府と朝廷による二重政治が確立した。

(8) 年表中の**C**について，武士の慣習にもとづいた，独自の法を何というか答えなさい。

**得点UP
コーチ**　**3** (1)頼朝の妻の実家。(4)「新古今和歌集」の編集を命じるなど，文化の上でも重要な人物。(5)頼朝の妻で「尼将軍」といわれた。　(7)頼朝は最初朝廷から東国の支配権を認められていた。

5 武士の台頭と鎌倉幕府

③ 鎌倉時代の宗教と文化

	1	200	400	600	800	1000	1200	1400	1600	1800	2000年

学習する年代 鎌倉時代

基本

1 次の文の{ }の中から，正しい語句を選んで書きなさい。

✓ チェック P54 **1** ①，P55 **3** ③（各6点×5　30点）

(1) 武士団は，惣領と家の子・{ 大王（だいおう）　貴族　郎党（ろうとう） }，下人で構成された。

　

必出 (2) 荘園，公領ごとにおかれ，現地を管理，支配した{ 国司　守護　地頭 }は，やがて荘園領主と同等の権利を持つようになった。

　

(3) 浄土信仰を発展させて浄土宗を開いたのは，{ 法然　親鸞　日蓮 }である。

　

(4) 踊念仏によって時宗を広めたのは，{ 親鸞　一遍　栄西（えいさい） }である。

　

(5) 中国（宋）にわたって禅宗を学んだ道元は，{ 曹洞宗　臨済宗　時宗 }を開いた。

　

2 次の文にあてはまる語句を，下の　　　から選んで書きなさい。

✓ チェック P55 **3** ④（各6点×4　24点）

(1) 後鳥羽上皇の命により，藤原定家らが編集した。

　

必出 (2) 源平の戦いをえがいた軍記物。

　

必出 (3) 運慶・快慶の代表的な彫刻作品。

　

(4) 鎌倉時代には，合戦の様子や僧の伝記が題材としてえがかれるようになった。

　

新古今和歌集	金剛力士像	平家物語	絵巻物	似絵

**得点UP
コーチ**

1 (2)その横暴さを農民に訴えられる者もいた。(5)禅宗は，座禅によってみずから悟りを開く教え。

2 (1)日本三大歌集の一つ。(2)平氏の栄華と滅亡から，栄えるものは必ずほろびるという世のはかなさを説いている。

発展

3 鎌倉時代の農民の生活について，次の問いに答えなさい。

✓ チェック P55 **3** ②(各6点×3 18点)

必出 (1) 右の史料から分かることを，次のア～ウから一つ選び，

記号で答えなさい。　　　　　　　　[　　]

ア　各地で開墾が進められた。

イ　農民は荘園領主と地頭の二重の負担に苦しんだ。

ウ　農業生産が高まり，農民の生活は向上した。

(2) 次の文の[　]にあてはまる語句を書きなさい。

①　近畿を中心とした西国では，同じ田畑で米と麦を交

互につくる[　　　　　　　　]が始められた。

②　寺社の門前や交通の要地では，[　　　　　　　]が開かれた。

> 「荘園領主への農民の訴状」
>
> 　材木の納入のことですが，地頭が何かにつけて人夫としてこき使うので，ひまがありません。残されたわずかの者を材木の切り出しに向かわせたところ，「逃亡した農民の土地に麦をまけ」と地頭に追い返されました。……(一部要約)

4 鎌倉時代の文化と仏教について，次の問いに答えなさい。

✓ チェック P55 **3** ③，④(各7点×4 28点)

(1) 右の写真Aは，東大寺南大門に納められて

いる彫刻である。この彫刻の作者は，快慶と

もう一人はだれか。

[　　　　　　　　]

(2) 右の写真Bのような肖像画は何と呼ばれ

るか。

[　　　　　　　　]

A　B

(3) 次の人物が開いた(伝えた)仏教の宗派名を書きなさい。

①　親鸞[　　　　　　　　]　　　②　栄西[　　　　　　　　]

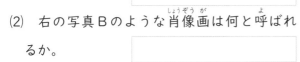

**得点UP
コーチ**

3 (1)史料は，紀伊国(和歌山県)阿氐河荘の農民が，地頭の横暴をうったえたもの。
(2)②売買には宋銭が用いられた。

4 (1)写真Aは金剛力士像(仁王像)。
(3)①は法然の弟子で，悪人こそ救われると説いた。

まとめの ドリル

武士の台頭と鎌倉幕府

| 1 200 400 600 800 1000 1200 1400 1600 1800 2000年 |

1 右の年表を見て，次の問いに答えなさい。

✓ チェック P54 1，2（各6点×10 60点）

(1) 年表中の①～④にあてはまる語句を書きなさい。

①

②

③

④

年代	で き ご と
1051	東北地方で反乱が起こる ⎫
1083	東北地方で争いが起こる ⎭ …A
1086	院政が始まる……………………B
1156	① の乱が起こる
1159	平治の乱が起こる…………C
1167	② が太政大臣になる
1185	平氏がほろびる…………D
1185	③ が守護・地頭を置く…E
1221	承久の乱が起こる
	六波羅探題を置く…………F
1232	④ 式目を制定する

(2) 年表中のAの乱をしずめ，東国に勢力を広げたのは，源氏，平氏のいずれか。

(3) Bを始めた人物を{ }から選びなさい。
{ 桓武天皇 白河上皇 後鳥羽上皇 }

(4) Cのとき，②に敗れたのはだれか。{ }から選びなさい。
{ 源義朝 藤原純友 平将門 }

(5) Dの平氏がほろびた戦いの場所を地図中から記号で選びなさい。

(6) Eのころから約140年間を何時代というか。

(7) Fの役割として誤っているものの記号を書きなさい。

ア 西国の御家人の統制

イ 大陸との通商

ウ 朝廷の監視

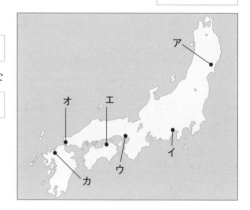

得点UP コーチ

1 (1)②③は人名が入る。(2)源義家が東国の武士を率いて活躍した。(3)天皇の位をゆずって上皇になってから，院の御所で政治を行った。(6)鎌倉に幕府が置かれた時代。(7)六波羅探題は京都に設置された。

2 鎌倉時代の仏教について，次の表の①〜④にあてはまる語句を書きなさい。

✔ チェック P55 **3** （各5点×4　20点）

宗派	念仏宗			③	禅宗	
	浄土宗	①	時宗		臨済宗	④
開祖	法然	親鸞	②	日蓮	栄西	道元
特色	新仏教のさきがけ	悪人こそ救われる	踊念仏	法華経の題目を唱えれば救われる	幕府の保護を受ける	権力をきらう
	念仏を唱えれば極楽に往生できる				座禅を行い自分で悟る	

①
②
③
④

3 鎌倉時代の文化について，次の問いに答えなさい。

✔ チェック P55 **3** （各4点×5　20点）

(1) 右の写真の門には，二体の金剛力士像が納められている。この彫刻の作者を一人あげよ。

(2) 右の写真の門の名称を書きなさい。

(3) 平氏一門の盛衰をえがいた軍記物を何というか。

(4) 鎌倉時代に，兼好法師があらわした随筆は何か。

(5) 鎌倉時代にさかんにえがかれた写実的な肖像画は，何と呼ばれるか。

得点UP
コーチ↑

2 ②諸国をめぐり歩いて念仏を広めた。③他の宗派を攻撃した。④地方の武士や農民の間に広まった。

3 (2)中国(宋)の建築様式を取り入れた豪壮な建築物。(3)「祇園精舎の鐘の声，諸行無常の響きあり」の書き出しで始まる。

要点チェック

6 東アジア世界とのかかわり

| 学習する年代 鎌倉・室町時代 | 1 | 200 | 400 | 600 | 800 | 1000 | 1200 | 1400 | 1600 | 1800 | 2000年 |

1 モンゴルの襲来と日本　ドリル P70

①モンゴル帝国の拡大

- **チンギス・ハン**…モンゴル民族を統一 ➡️ ユーラシア大陸
  └→13世紀はじめ
  に大帝国(**モンゴル帝国**)を建設。
  └→ヨーロッパにも進出
- **フビライ・ハン**…国号を元 ➡️ 高麗を従え，南宋をほろぼす。
  └→こくごう げん　　　　　　　こうらい　　　　　なんそう

②元寇…元による日本への襲来 ➡️ 執権**北条時宗**のとき。
　げんこう　　　　　　　　　　　　　しっけんほうじょうときむね

- **文永の役**…元と高麗の軍勢が九州北部に襲来，対馬・壱岐を
  └→1274年　　　　　　　　　　　　　　　　つしま　いき
  へて博多湾岸に上陸。**火器**や**集団戦法**に苦しむがすぐに撤退。
  └→日本の武士は一騎打ち　　　　　　　　　　　　　　　てったい
- **弘安の役**…再度九州北部に襲来 ➡️ **石の防壁(防塁)**など
  └→1281年
  の防備で上陸できないまま暴風雨で退く。
- **御家人の窮乏**…元寇で多大な出費。分割相続による領地の
  ごけにん　きゅうぼう　　　　　　　　　　　ぶんかつ
  縮小 ➡️ 不十分な恩賞に幕府への不満が高まる。
  └→領地を売ったり質入れしたりする　おんしょう
  └→1297年，永仁の徳政令を出す

2 南北朝の争乱と室町幕府　ドリル P72

①鎌倉幕府の滅亡

- **幕府の滅亡**…**後醍醐天皇**の倒幕運動に新興武士や，有力御家
  ごだいごてんのう　とうばく
  人である**足利尊氏**，**新田義貞**が味方し，幕府をほろぼす。
  あしかがたかうじ　にったよしさだ　　　└→楠木正成など
  　　　　　　　　　　　　　　　　　　　　└→1333年
- **建武の新政**…公家中心の政治 ➡️ 武士の不満 ➡️ 足利尊
  けんむ　しんせい　くげ
  └→後醍醐天皇の政治。2年で失敗に終わる
  氏の挙兵。

②室町幕府の成立…足利尊氏が北朝から征夷大将軍に任命。
　　　　　　　　　　　　　　　　　　せいいたいしょうぐん
  └→足利義満(よしみつ)が室町に幕府を移す　　　└→1338年

- **南北朝の内乱**…北朝(京都)と南朝(吉野)の朝廷が対立
  └→約60年間を南北朝時代という　　　　　└→後醍醐天皇側
  　➡️ 全国の武士が有利な方について領地をうばいあう。
- **守護の成長**…国内の武士を従え**守護大名**となる ➡️ 国司
  しゅご　　　　└→地頭や新興の武士　　だいみょう
  の権限を吸収して勢
  力を強める。
- **幕府の特色**…有力守
  護大名の連合政権。
  仕組みは鎌倉幕府に
  ならう。

```
中央 ─ 管領 ┬ 侍所(武士の統率)
      将軍 ├ 政所(財政)
      幕府の └ 問注所(裁判)
      全般の
      補佐
将軍 ─────── 鎌倉府(関東8か国と
地方         伊豆・甲斐の支配)
            守護 ── 地頭
```
▲室町幕府のしくみ

- **南北朝の合一**…北朝による南朝の吸収。
  └→1392年，足利義満のとき　　きゅうしゅう

覚えると得

徳政令
とくせいれい
御家人が質入れした
り売ったりした領地
を，ただでとりもど
させようとした法令。
御家人を救おうとし
たが，効果は一時的
だった。

悪党
あくとう
御家人以外の武士で，
荘園に土着して年貢
しょうえん　　　　ねんぐ
を横領したり，幕府
の命令を聞かなかっ
た。楠木正成など。
くすのきまさしげ

管領
かんれい
室町幕府の将軍の補
佐役。細川・斯波・
ほそかわ　しば
畠山氏が交代で任命
はたけやま
された。

重要　テストに出る!

元寇では恩賞とす
る新しい土地を獲
得できずに，てが
とく
らをたてた武士に
も十分な恩賞があ
たえられなかった。
これは，御恩と奉
ごおん　ほう
公の基本的な主従
こう　　　　しゅじゅう
関係をくずすこと
となった。

3 東アジアの動きと戦国時代

ドリル P74

① 東アジアの動き

- **倭寇**…西日本の人々の交易活動 ➡ 海賊行為 ➡ 朝鮮半島や中国の沿岸をあらす ➡ 室町幕府へ取りしまりを要求。
  - └足利義満は倭寇を禁止
- **明の成立**…モンゴル民族を北へ追い，漢民族が建国。
- **日明(勘合)貿易**…日本と明との正式な貿易 ➡ 勘合を使用。
  - └朝貢の形　　　　　　　　　　　　　　　　　└合札
- **朝鮮国**…李成桂が高麗をたおして建国。**ハングル**の成立。
  - └イ ソンゲ　└1392年　└文字(訓民正音)

② 戦国時代…応仁の乱以後の約100年 ➡ 戦乱の世。

- **応仁の乱**…将軍の後継問題と有力守護大名の対立 ➡ 約11年続き，京都は焼け野原。室町幕府の無力化。
  - └1467年　└足利義政　└細川氏と山名氏　└戦乱は全国に広がる
- **下剋上**…下位の者が実力で上位の者に打ち勝つ風潮。
- **戦国大名**…実力で領国を支配 ➡ **分国法**の制定，**城下町**の建設。
  - └中国の毛利氏，甲斐(山梨県)の武田氏，関東の北条氏など

4 民衆の成長と室町文化

ドリル P76

① 産業と都市の発達

- **農業**…二毛作と牛馬耕の普及，**商品作物**の栽培。
  - └麻・桑・藍・茶
- **手工業**…絹織物・陶器・酒などの特産物の生産。
  - └西陣・博多　　　└瀬戸
- **商業**…定期市 ➡ 貨幣の使用。**間(問丸)・馬借，土倉・酒屋**の活躍。**座**の結成。月6回の定期市のところもあった。
  - └明銭や宋銭　└運送業者，倉庫業者　└金貸し業　└商工業者の同業組合
- **都市**…**城下町**・門前町・港町の形成。京都は**町衆**による自治。
  - └山口・小田原　　└堺・博多　　└祇園祭の復興

② 農村の変化…農民が荘園のわくをこえて団結。

- **惣**…村ごとの自治的な組織 ➡ **寄合**で協議・決定。
  - └おきての制定，祭りの運営，山野の利用，用水の配分など
- **土一揆**…農民などが団結し，年貢の減免，徳政を要求。

③ 室町文化…公家・武家文化の融合，禅宗の影響を受ける。

- **北山文化**…足利義満の**金閣** ➡ 公家・武家の文化の融合。
- **東山文化**…足利義政の**銀閣** ➡ 簡素で深みのある文化。
- **書院造**…禅宗寺院の様式。
  - 障子，ふすま，たたみ，床の間←
- **水墨画**…墨一色で自然をえがく ➡ 雪舟。

▲東求堂同仁斎(内部)

- **芸能**…**能・狂言** ➡ 観阿弥・世阿弥親子。
  - └田楽・猿楽から発展
- その他…**連歌，茶の湯，生け花，御伽草子** ➡ 民衆へ広がる。
  - └絵入りの物語，一寸法師など

覚えると得

琉球と蝦夷地

沖縄では15世紀のはじめに尚氏(中山王)が琉球王国を建国。独自の文化と東アジア・東南アジアを結ぶ中継貿易で栄えた。北海道ではアイヌ民族が狩猟・漁業を中心に生活していたが，本州からわたってきた和人に圧迫され，15世紀中ごろコシャマインが蜂起した。

正長の土一揆

1428年に起こる。京都の土倉・酒屋・寺院などが襲われ，一揆の動きが広まった。

山城国一揆

山城(京都府)では二派で争っていた守護大名の軍勢を，国人と呼ばれた地侍も加わった一揆が追い出し，自治を行った。

加賀の一向一揆

加賀(石川県)では一向宗(浄土真宗)の門徒が守護の富樫氏をほろぼし，約100年間自治を行った。

67

スタートドリル

東アジア世界とのかかわり

1 次の文の{ }の中から，正しい語句を選んで書きなさい。

(各6点×6 36点)

(1) 後醍醐天皇を中心とする新しい政治を，{ 建武の新政 大化の改新 }という。

(2) 北朝の天皇から征夷大将軍に任命された{ 足利尊氏 楠木正成 }は，1338年，京都に幕府を開いた。

(3) 中国が倭寇の取りしまりを求めてきたので，足利義満は倭寇を禁止し，中国と正式な貿易を始めた。これを{ 日宋貿易 日明貿易 }という。

(4) 15世紀はじめに沖縄では，中山の王となった尚氏が，北山，南山の勢力をほろぼして沖縄島を統一し，首里を都とする{ 蝦夷地 琉球王国 }を建国した。

(5) 1467年に始まった{ 応仁の乱 壬申の乱 }は，全国の守護大名が東軍，西軍に分かれて争い，戦乱は京都から全国へと広がった。

(6) (5)の戦乱ののち，下剋上の風潮が広がって，{ 管領 戦国大名 }が各地に登場するようになった。

2 生活や文化について，次の文の{ }の中から，正しい語句を選んで書きなさい。

(各6点×4 24点)

(1) 室町時代には手工業が発達し，西陣や博多では{ 絹織物 綿織物 }の生産がさかんになった。

(2) 商人や手工業者などは，同業者ごとに{ 座 惣 }という団体をつくり，営業を独占した。

(3) 禅宗寺院の部屋の様式を武家の住居に取り入れた，{ 寝殿造 書院造 }と呼ばれる建築様式がおこった。

(4) 猿楽・田楽などの芸能を能として大成したのは，{ 雪舟 世阿弥 }である。

3 次の略年表を見て，あとの問いに答えなさい。

(各5点×8　40点)

時代	年	政治・できごと	経済・社会・文化
① ［　　　］時代		チンギス・ハンが ③ ［　　　　　］を統一 1274　文永の役 1281　弘安の役　④ ［　　　］	永仁の徳政令（1297年）
② ［　　　］時代（南北朝時代・戦国時代）	1333	鎌倉幕府滅亡 → 建武の新政	
	1336	朝廷が南朝と北朝に分かれて対立する	
	1338	足利尊氏が征夷大将軍 → 室町幕府	
	1378	三代将軍⑤ ［　　　　　］が室町 に幕府を移す	⑥ ［　　　］文化 ・金閣 ・観阿弥・世阿弥親子が能を大成
	1392	南北朝が統一される	
	1404	日明貿易（勘合貿易）が始まる 琉球王国が成立する	日明貿易の交易品 　輸入：銅銭，生糸，絹織物， 　　　　書画，陶磁器 　輸出：刀・銅・硫黄・漆器
	1467	応仁の乱が起こる 戦国時代が始まる 北条早雲が小田原に入る 戦国大名が分国法を制定	⑦ ［　　　］文化 ・銀閣 ・雪舟が水墨画を大成 民衆の文化…狂言・御伽草子など

(1) 年表の①〜⑦にあてはまる語句を書きなさい。

(2) 室町文化の特色として，（　）にあう語句を漢字2文字で書きなさい。

　公家の文化と（　　　）の文化が融合されている。

書き込み
ドリル

6 東アジア世界とのかかわり

1 モンゴルの襲来と日本

学習する年代 鎌倉時代

| 1 | 200 | 400 | 600 | 800 | 1000 | 1200 | 1400 | 1600 | 1800 | 2000年 |

基本

1 次の文の □ にあてはまる語句を，下の □ から選んで書きなさい。

✓ チェック P66 1 ①（各5点×4 20点）

13世紀のはじめ，モンゴル民族を統一した (1) □ は，西方への遠征を開始した。その子孫はさらに征服事業を進め，ユーラシア大陸の東西にまたがる大帝国を築いた。この大帝国を (2) □ という。5代皇帝の (3) □ は，国号を (4) □ と定め，13世紀後半には宋（南宋）をほろぼして中国全土を支配した。

> フビライ・ハン　　　チンギス・ハン　　　モンゴル帝国　　　唐　　　元

2 次の文の{ }の中から，正しい語句を選んで書きなさい。

✓ チェック P66 1 ①，②（各7点×5 35点）

(1) フビライ・ハンは，朝鮮半島の{ 高句麗　　高麗　　新羅 }を服属させた。

□

必出 (2) フビライ・ハンは，日本を服属させようとして使者を送ったが，執権{ 北条義時　　北条泰時　　北条時宗 }に退けられた。

□

(3) 元軍の1度目の襲来を，{ 弘安の役　　文永の役　　前九年合戦 }という。

□

(4) 元軍の2度目の襲来を，{ 弘安の役　　文永の役　　後三年合戦 }という。

□

(5) 幕府は御家人の生活苦を救うために，{ 班田収授法　　御成敗式目　　徳政令 }を出した。

□

- - - - - -

**得点UP
コーチ**

1 (1)モンゴルを統一し，1206年に，ハン（皇帝）となった。(3)チンギス・ハンの孫。(4)中国風の1文字の王朝名。

2 (2)8代執権。(5)1297年に出された永仁の徳政令が最初。

発展

3 右の年表を見て，次の問いに答えなさい。

✅ チェック P66 **1** ①，②(各5点×9　45点)

(1) 年表の　　にあてはまる語句を書きなさい。

　　⑦

　　④

　　⑨

年代	で　き　ご　と
1206	⑦ がモンゴルを統一する
1271	④ が国号を元と定める…………… A
1274	文永の役が起こる………………… B
1276	幕府が九州北部に石の防壁(防塁)を築く
1281	弘安の役が起こる………………… C
1297	永仁の ⑨ が出される

必出 (2) 年表中のAのころ日本は何時代だったか。

(3) 年表中のBのころ日本の政治を行っていた幕府の執権は何氏か。

(4) 年表中のBについて，次の文の　　にあてはまる語句を書きなさい。

　　およそ3万の元と ① 　　　　　　　　の軍が九州北部に襲来し，博多湾岸へ

上陸した。元軍は，火器を使った ② 　　　　　　　戦法で日本軍を苦しめた

が，すぐに撤退した。

必出 (5) 年表中のB，Cについて，元軍の2度の襲来をまとめて何というか。漢字2字で書きな

さい。

(6) 年表中のCののちの様子について述べた文として誤っているものを，次のア～ウから

一つ選び，記号で答えなさい。

　ア　元は3度目の日本遠征を計画したが，周辺諸国で反乱が起こったため中止した。

　イ　十分な恩賞が得られなかった御家人は，幕府に不満を持つようになった。

　ウ　大陸との交流がさかんになり，元と正式な貿易が行われた。

得点UP
コーチ

3 (1)⑨御家人が売った領地をただで返させた法令。あまり効果はあがらず，かえって幕府の信用を失った。(2)鎌倉に幕府が置かれた時代。(3) 源 頼朝の妻政子の実家。他の御家人をおさえて権力をにぎった。

| 1 | 200 | 400 | 600 | 800 | 1000 | 1200 | 1400 | 1600 | 1800 | 2000年 |

学習する年代 室町時代

基本

1 次の文の{ }の中から，正しい語句を選んで書きなさい。

✓ チェック P66 2 ①，②（各5点×5 25点）

(1) 有力な御家人であった新田義貞や{ 楠木正成　北条時宗　足利尊氏 }の挙兵により，鎌倉幕府は滅亡した。

必出 (2) 後醍醐天皇が行った公家中心の政治を，{ 大化の改新　建武の新政　院政 }という。

(3) 京都を追われた後醍醐天皇は，{ 吉野　鎌倉　平泉 }にのがれて南朝を建てた。

(4) 二つの朝廷が対立する南北朝時代は，およそ{ 80年間　60年間　40年間 }続いた。

必出 (5) 南北朝を統一したのは，{ 足利義満　足利義政　足利義教 }である。

2 次の文にあてはまる語句を，下の□□□から選んで書きなさい。

✓ チェック P66 2 ②（各7点×3 21点）

必出 (1) 将軍の補佐役として置かれ，有力な守護大名が任命された。

(2) 関東8か国と伊豆（静岡県），甲斐（山梨県）の支配のために置かれた。

(3) 武士の統率や京都の警備にあたった。

| 管領　侍所　執権　政所　鎌倉府　問注所　征夷大将軍 |

得点UP
コーチ

1 (1)一人は悪党，一人は元寇のときの執権。(2)1334年，後醍醐天皇は年号を建武と改めた。(3)南朝は，今の奈良県に置かれた。(4)南北朝時代は1336～1392年。

2 (1)足利氏一族の斯波・細川・畠山の三氏が交替で就任した。

学習日	月	日	得点	点

発展

3 室町幕府のしくみについて，右の図を見て答えなさい。

✔ チェック P66 **2** ②(各6点×5 30点)

(1) 将軍について，次の問いに答えなさい。

必出 ① 室町幕府の初代将軍はだれか。

② 南北朝を統一した将軍はだれか。

(2) 次の文にあてはまるものを，図から選んで書きなさい。

① 将軍の補佐役として置かれた。

② 幕府の財政をあつかう。

③ 武士の統率や京都の警備にあたった。

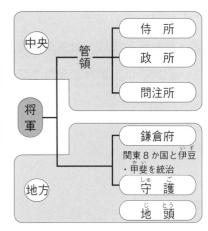

▲室町幕府のしくみ

4 次の問いに答えなさい。

✔ チェック P66 **2** (各6点×4 24点)

必出 (1) 建武の新政を行った天皇はだれか。

(2) 河内国の豪族で(1)の天皇に味方し，鎌倉幕府をほろぼす手助けをした，悪党と呼ばれる武士はだれか。

(3) (1)の天皇は，北朝と南朝に分かれたとき，南朝をどこに建てたか。

(4) 守護は，国内の武士を従えて何に成長したか。

得点UP コーチ

3 (1)①1338年，北朝の天皇から征夷大将軍に任命された。②①の人物の孫にあたる。(2)①鎌倉幕府の執権にあたる。

4 (1)鎌倉幕府をたおそうとして二度失敗し，三度目でたおした。

73

	1	200	400	600	800	1000	1200	1400	1600	1800	2000年

学習する年代 室町時代

基 本

1 次の文にあてはまる語句を，下の ☐ から選んで書きなさい。

✓ チェック P67 **3** ①(各7点×4 28点)

必出 (1) 朝鮮半島や中国沿岸で，海賊行為をはたらく者がいた。

必出 (2) 日明貿易では，公式な貿易船に合札を持たせた。

(3) 朝鮮では，朝鮮語を書きあらわす文字がつくられた。

(4) 15世紀はじめ，尚氏が沖縄島を統一した。

> ハングル　　琉球王国　　仮名文字　　元寇　　勘合　　倭寇　　モンゴル帝国

2 次の文の{ }の中から，正しい語句を選んで書きなさい。

✓ チェック P67 **3** (各6点×5 30点)

必出 (1) 元がおとろえるとモンゴル民族を北へ追い，14世紀半ばに漢民族が{ 宋　唐　明 }を建国した。

(2) 14世紀末，朝鮮では李成桂が{ 高麗　高句麗　百済 }をほろぼして，朝鮮国をつくった。

(3) 沖縄島を統一した国は，日本や中国，朝鮮などとの{ 加工貿易　中継貿易　保護貿易 }で栄えた。

(4) 今の{ 青森県　岩手県　北海道 }に住んでいたアイヌ民族は，14世紀になると和人と交易を行うようになった。

(5) 戦国大名は，城の周辺に家来を集め，商工業者を呼び寄せて，{ 城下町　門前町　港町 }をつくった。

**得点UP
コーチ**

1 (2)日本から明にわたる貿易船は幕府から「本字〇號」(〇内は数字)という札の左半分をもらい，明で右半分と照合した。

2 (2)元寇のときに，元軍とともに日本に襲来した国。(4)当時，蝦夷地と呼ばれていた地域である。

74

| 学習日 | 月 | 日 | 得点 | 点 |

発展

3 次の文を読んで，下の問いに答えなさい。

✔ **チェック** P67 **3** ②（各6点×7 42点）

　3代将軍足利義満の死後，幕府において大きな勢力を持つようになった守護大名は，たびたび勢力争いで対立した。1467年には，**A**将軍のあとつぎ問題などをめぐり，細川氏と〔 ① 〕が対立し，**B**全国の守護大名が二つに分かれて争う大乱が起こった。この乱は1477年には終息したが，戦乱の火だねは地方におよび，各地の武士が争う**C**戦国時代となった。このような動きの中で，強大な権力を持って実力で領国を支配するようになったのが〔 ② 〕である。

(1) 文中の〔 〕にあてはまる語句を書きなさい。

① ＿＿＿＿＿＿＿＿　② ＿＿＿＿＿＿＿＿

(2) 下線部**A**の将軍とはだれのことか。 ＿＿＿＿＿＿＿＿

必出 (3) 下線部**B**の乱を何というか。 ＿＿＿＿＿＿＿＿

(4) 下線部**B**の乱ののちのできごととしてあてはまらないものを，次のア～ウから一つ選び，記号で答えなさい。 ＿＿＿＿＿＿＿＿

　ア　山城国では，守護大名を追い出した農民と地侍による自治が行われた。

　イ　京都が焼け野原となり，幕府の権威は低下した。

　ウ　幕府の力は全国におよんだ。

(5) 下線部**C**の時代の風潮で，下の身分の者が実力で上の者にとってかわることを何というか。 ＿＿＿＿＿＿＿＿

必出 (6) 文中の〔 ② 〕が定めた，右のような法律は何と呼ばれるか。 ＿＿＿＿＿＿＿＿

―，朝倉館のほか，国中に城をかまえてはならない。
　　　　　　　　　　　（朝倉孝景条々）
―，けんかをした者は，理由にかかわらず罰する。
　　　　　　　　　　　（甲州法度）
―，今川家の家臣は，主君の許可なく結婚してはならない。（今川仮名目録）

得点UP コーチ

3 (4)アは山城国一揆のこと。山城国とは，現在の京都府。(5)身分よりも実力が優先する風潮。戦国大名は，守護大名の家臣の身分から成り上がった者が多い。(6)武士と農民を統制し，領国内の秩序を保とうとした。

4 民衆の成長と室町文化

基本

1 次の文の{ }の中から，正しい語句を選んで書きなさい。

✓ チェック P67 **4** ①(各6点×5 30点)

(1) 京都の西陣の{ 綿織物　絹織物　陶器 }をはじめ，各地で手工業が発達した。

(2) 室町時代には，定期市が開かれ，明銭や{ 宋銭　和同開珎　富本銭 }が流通した。

必出 (3) 都市では，土倉や{ 問(問丸)　馬借　酒屋 }が金貸し業を営んで栄えた。

必出 (4) 商工業者らが同業者ごとにつくった組合を，{ 座　惣　市 }という。

(5) 堺や博多は，その地理的条件から{ 門前町　城下町　港町 }として発展した。

2 次の文の▢▢▢にあてはまる語句を，下の▢▢▢から選んで書きなさい。

✓ チェック P67 **4** ②(各6点×4 24点)

　農業では，米と麦の(1)▢▢▢▢▢▢が各地に広まり，牛馬の利用や肥料の改良などによって農業生産が高まった。農業の発達によって生活が向上した農民は，村ごとに(2)▢▢▢▢▢▢をつくり，(3)▢▢▢▢▢▢を開いて村のおきてなどを定めた。やがて農民は広い地域で団結するようになり，年貢の軽減や借金の帳消しを求めて，(4)▢▢▢▢▢▢を起こすようになった。

> 土一揆
> どいっき
> 　　　二毛作
> にもうさく
> 　　　町衆
> ちょうしゅう
> まちしゅう
> 　　　寄合
> よりあい
> 　　　惣領
> そうりょう
> 　　　関所
> 　　　惣

**得点UP
コーチ↑**

1 (1)西陣織として有名。(2)六斎市と呼ばれる。(3)酒造業者のこと。(5)堺や博多は勘合貿易などで栄えた。

2 (2)農村の自治的な組織。(3)村の神社や寺で開かれた。(4)当時，農民は土民と呼ばれていた。

できた！中学社会 歴史

中学基礎がため100%

教科書との内容対応表

※令和3年度の教科書からは、こちらの対応表を使いましょう。

●この表の左側には、みなさんが使っている教科書の内容を示してあります。右側には、それらに対応する「基礎がため100%」のページを示してあります。

●できた！中学社会 歴史は、「上」と「下」の2冊があり、それぞれのページが示してあります。勉強をするときのページ合わせに活用してください。

くもん出版

④ 民衆の成長と室町文化

⑥ 東アジア世界とのかかわり
スタート
ドリル | 書き込み
ドリル❶ | 書き込み
ドリル❷ | 書き込み
ドリル❸ | 書き込み
ドリル❹ | まとめの
ドリル

学習日　　月　　日　得点　　点

発展

3 次の文を読んで，下の問いに答えなさい。

✓ チェック P67 **4** ③（各6点×5　30点）

(1) 写真 A について，次の問いに答えなさい。

① 建物の名称を書きなさい。

② 建物を建てたのはだれか。人名を書きなさい。

③ この建物の下層に取り入れられた建築様式を何というか。

(2) 写真 B について，次の文の □ にあてはまる語句を書きなさい。

このように，墨一色でえがかれた絵画を ① _____ といい，明にわたった

② _____ が，帰国後に大成した。

4 室町時代の文化について正しく述べたものを，次のア～カから二つ選び，記号で答えなさい。

✓ チェック P67 **4** ③（各8点×2　16点）

ア 全国に国分寺が建てられ，仏教の信仰が奨励された。

イ 戦火をのがれて地方に下った公家や僧が，都の文化を地方に広めた。

ウ 飛鳥地方では，日本で最初の仏教文化が栄えた。

エ 仮名文字が普及し，「源氏物語」などの優れた文学作品が生まれた。

オ 公家・武家文化が融合し，禅宗の影響を受けた文化である。

カ 文化の中心は公家であったが，しだいに武家的な簡素で力強い文化が育ってきた。

・・

**得点UP
コーチ**

3 (1)①華麗な金閣に対し，「わび・さび」といった質素な趣を表現した建物。　(2)写真Bは雪舟作の水墨画。

4 民衆の間では，能の合間に演じられた狂言や，「浦島太郎」などの御伽草子が親しまれた。

まとめの ドリル

東アジア世界とのかかわり

| | 1 | 200 | 400 | 600 | 800 | 1000 | 1200 | 1400 | 1600 | 1800 | 2000年 |

学習する年代 鎌倉・室町時代

1　右の年表を見て，次の問いに答えなさい。

✔ **チェック** P66 **2**，P67 **3**（各5点×11　55点）

(1)　年表の◻にあてはまる語句を書きなさい。

　⑦ 〔　　　　　　　　　〕

　⑦ 〔　　　　　　　　　〕

　⑦ 〔　　　　　　　　　〕

　⑦ 〔　　　　　　　　　〕の乱

(2)　年表中のAについて，この政治を何というか。

〔　　　　　　　　　〕

(3)　年表中のB～Dの間，二つの朝廷が争う時代が

続いた。この時代を何というか。

〔　　　　　　　　　〕

年代	で　き　ご　と
1333	鎌倉幕府がほろびる
1333	⑦がみずから政治を行う…A
1336	足利尊氏が挙兵する…………B
1338	足利尊氏が幕府を開く………C
1378	⑦が幕府を室町に移す
1392	二つの朝廷が合一される……D
1404	日明貿易が始められる………E
1428	正長の⑦が起こる
1467	⑦の乱が起こる
	戦国時代が始まる……………F
1488	加賀の一向一揆が起こる

(4)　年表中のCについて，次の文の◻にあてはまる語句を書きなさい。

　室町幕府は鎌倉幕府にならい，中央に侍所・政所・問注所を置いた。侍所の長官と，将

軍の補佐役である ① 〔　　　　　　　　〕 には，細川氏，斯波氏，畠山氏という有力な

② 〔　　　　　　　　〕 が交替で任命され，幕府の政治を動かすようになった。

(5)　年表中のEについて，この貿易は，正式な貿易船に合札があたえられたことから，何

貿易と呼ばれるか。

〔　　　　　　　　　〕

(6)　年表中のFについて，次の問いに答えなさい。

　①　身分よりも実力が優先する戦国時代の風潮を何というか。

〔　　　　　　　　　〕

　②　戦国大名は，領国内の武士や農民を統制するために，独自の法律を定めた。この法

律を何というか。

〔　　　　　　　　　〕

得点UP コーチ↗

1 (1)⑦守護大名の動きをおさえ，室町幕府の全盛期を築いた。⑦農民（土民）が団結して領主に反抗した。

(3)南朝（吉野）と北朝（京都）の二つの朝廷が対立した。(6)①下の身分の者が実力で上の者にとってかわること。

2 次のことがらに関係の深いものを，下の◯◯から選んで書きなさい。

✓ チェック P67 **4** (各4点×5　20点)

(1) 同業者組合，営業の独占。

(2) 酒造業者，金貸し業。

(3) 戦国大名，山口，小田原。

(4) 勘合貿易，自治都市，港町。

(5) 自治組織，京都，祇園祭。

城下町	二毛作	酒屋	問	馬借	寄合	座
定期市	門前町	関所	元寇	町衆	堺	惣

3 室町時代の文化について，次の問いに答えなさい。

✓ チェック P67 **4** (各5点×5　25点)

(1) 足利義政のころの銀閣に代表される文化を特に何というか。

(2) 禅宗寺院の様式を取り入れ，たたみ敷の床や床の間，違い棚，明障子などを設けた建築様式を何というか。

(3) 明にわたり，帰国後，日本の水墨画を大成した人物はだれか。

(4) 父の観阿弥とともに能楽（能）を大成した人物はだれか。

(5) 右のような，絵入りの物語を何というか。

得点UPコーチ↑

2 (3)戦国大名は，城下に家来や商工業者を住まわせた。(4)博多とともに貿易で栄えた港町。(5)京都の自治を行った。

3 (1)足利義満のころの北山文化と混同しないこと。(4)義満の保護を受けて大成した。(5)写真は「ものぐさ太郎」。

定期テスト 対策問題

武士の台頭と鎌倉幕府／東アジア世界とのかかわり

1 次の文を読んで，下の問いに答えなさい。

✅ チェック P54 **2**，P66 **1**，**2**，P67 **3**（各4点×11　44点）

A ｛
国ごとに守護を，荘園や公領ごとに〔 ① 〕を置いた。
鎌倉に幕府を開き，武家政治の基礎をつくった。

B ｛
北条義時は，⑦承久の乱で朝廷軍を破り，幕府の勢力を西国まで広げた。
北条泰時は，公正な裁判を行うために〔 ② 〕を定めた。
北条時宗のとき，⑦文永の役・弘安の役が起こった。

C ｛
鎌倉幕府滅亡後，⑦公家中心の政治を行った。
吉野に移り，京都の朝廷と対立した。

D ｛
新田義貞らとともに兵を挙げ，鎌倉幕府をほろぼした。
北朝から征夷大将軍に任じられ，京都に幕府を開いた。

E ｛
南北朝を統一し，室町幕府の全盛期を築いた。
倭寇を禁止し，⑦中国との公式な貿易を始めた。

(1) 文中の〔　〕にあてはまる語句を書きなさい。

① ＿＿＿＿＿　② ＿＿＿＿＿

(2) A，C，D，Eは，それぞれだれについて説明したものか。あてはまる人名を書きなさい。

A ＿＿＿＿＿　C ＿＿＿＿＿

D ＿＿＿＿＿　E ＿＿＿＿＿

(3) Bについて，北条氏は，ある役職について幕府の実権をにぎった。ある役職とは何か。

＿＿＿＿＿

(4) 下線部⑦の乱ののち，京都に置かれた役所を何というか。

＿＿＿＿＿

(5) 下線部⑦のできごとを，漢字2文字で書きなさい。

＿＿＿＿＿

(6) 下線部⑦の政治を何というか。

＿＿＿＿＿

(7) 下線部⑦について，公式な貿易船にあたえられた合札を何というか。

＿＿＿＿＿

2 次の文の□にあてはまる語句を書きなさい。

✓ チェック P54 **2**, P55 **3**, P67 **3**, **4**(各4点×7 28点)

(1) 将軍と御家人は御恩と奉公の関係で結ばれていた。このような土地を仲立ちとして主従関係を結ぶ仕組みを［　　　　　　　　　］という。

(2) 曹洞宗は，宋にわたって禅宗を学んだ［　　　　　　　　　　　］によって伝えられた。

(3) 室町時代には，土倉や［　　　　　　　　　］が金貸し業を営んで栄えた。

(4) 室町時代の農村では，二毛作やかんがい，牛馬の利用が広がり，桑，藍，麻，［　　　　　　　　　］などの商品作物の栽培も広がった。

(5) 農村は村ごとの自治組織である［　　　　　　　　　］をつくり，団結を固めていき，領主へ年貢の減免や徳政を要求するようになった。

(6) 加賀国(石川県)では，浄土真宗の門徒が守護大名をたおし，100年にわたる自治を行った。このような浄土真宗の門徒による一揆を，［　　　　　　　　　］という。

(7) 戦国時代には，下の身分の者が，実力で上の者にとってかわることがしばしば行われた。このような風潮を［　　　　　　　　　］という。

3 鎌倉・室町時代の文化について，次の問いに答えなさい。

✓ チェック P55 **3**, P67 **4**(各7点×4 28点)

(1) 右の写真Ａのような琵琶法師によって語り伝えられた，源平の争いをえがいた軍記物を何というか。

［　　　　　　　　　］

(2) 写真Ｂは，墨一色でえがかれた絵画である。このような絵画を大成した人はだれか。

［　　　　　　　　　］

(3) 下の□から，①鎌倉時代の文化にあてはまるものと，②室町時代の文化にあてはまるものを一つずつ選んで書きなさい。

① ［　　　　　・　　　　　］
② ［　　　　　　　　　　］

| 源氏物語 | 日本書紀 | 寝殿造 | 万葉集 | 書院造 | 似絵 |

要点チェック

7 ヨーロッパ人との出会いと天下統一

| 1 | 200 | 400 | 600 | 800 | 1000 | 1200 | 1400 | 1600 | 1800 | 2000年 |

学習する年代　戦国・安土桃山時代

1 7～16世紀の世界

ドリル **P86**

① イスラム世界の発展と十字軍

- **イスラム教の発展**…メッカの商人のムハンマド，イスラム
  └→アラビア半島の商業都市
  教を創始 ■▶ 後継者が征服戦争で大帝国建設。
  └→こうけいしゃ　　　　　　　　└→唯一神アラー(アッラー)への信仰　└→イスラム帝国
- **十字軍**…キリスト教世界の聖地エルサレム回復運動 ■▶
  └→1096～1272年　　　　　　　　　　　　　　└→せいち
  失敗し，カトリック教会とローマ教皇の権威はおとろえた
  が，ヨーロッパに新しい文化がもたらされる。
  └→火薬，紙など

② ルネサンスと宗教改革

- **ルネサンス(文芸復興)**…14～16世紀ごろ。人間の自由な
  └→北イタリアの諸都市で始まる　　　　　　└→レオナルド・ダ・ビンチ「モナ・リザ」
  個性の尊重 ■▶ 科学的な学問の発展。
  └→地動説(ガリレイ)，火薬・羅針盤の改良，活版印刷術
- **宗教改革**…**ルター，カルバン**らによる**教会への批判** ■▶ **プ**
  └→16世紀　└→ドイツ　└→スイス　　　　　└→腐敗，免罪符の販売
  ロテスタントの成立 ■▶ カトリック教会との宗教戦争。
  └→「抗議する人々」の意味，新教という　└→旧教という
- **反宗教改革**…**イエズス会**の海外布教。
  └→カトリック内部の改革運動

③ ヨーロッパの世界進出

- **新航路の開拓**…香辛料などアジアの特産品を求める ■▶
  └→かいたく　　└→こうしんりょう　└→地中海・アラビア半島を通過する貿易路はイスラム商人が独占
  コロンブス…大西洋を横断，西インド諸島へ到達。**バスコ・**
  　　　　　　　　　　　　　　　└→1492年，スペインの援助
  ダ・ガマ…喜望峰経由でインドに到達。**マゼランの船隊**…
  └→ポルトガル人　└→きぼうほう　└→インド航路　└→1498年
  世界周航を達成。
  └→マゼランはフィリピンで戦死，部下が達成
- **ポルトガル**…アジアに進出 ■▶ **中継貿易**を行う。
  　　　　　　└→ゴア・マラッカを拠点　　└→なかつぎ
- **スペイン**…新大陸に進出 ■▶ **アステカ，インカ帝国**を征服。
  　　　　　　　　　　　　　　└→メキシコ高原　└→アンデス山中
- **オランダ，イギリス**…16世紀末から海外へ進出。
  └→新教国，ポルトガル・スペイン(旧教国)と対立

2 織田信長の統一事業

ドリル **P88**

└→おだのぶなが

① ヨーロッパ人の来航

- **鉄砲の伝来**…**種子島**に漂着したポ
  └→てっぽう　　└→たねがしま └→ひょうちゃく
  ルトガル人が伝える ■▶ 全国に
  └→鹿児島県
  普及 ■▶ 全国統一の加速。
  └→ふきゅう 堺や近江(滋賀県)の国友などで生産が始まる
- **キリスト教の伝来**…**フランシスコ・**
  ザビエルが来日・布教 ■▶ 民衆に
  └→イエズス会宣教師
  広がる。**キリシタン大名**が保護。
  └→キリスト教に改宗した大名。貿易の利益も求める

▲ザビエル

覚えると得

新航路発見の背景

世界は平らだとするキリスト教の宇宙観に対し，ルネサンス以降，天文学や地理学が発達し，地球球体説にもとづく世界地図もつくられた。コロンブスは地球球体説を信じ，大西洋を西に進めばアジアに到達すると考えた。

中世のキリスト教

4世紀以降，キリスト教はヨーロッパ各地へ広がった。西ヨーロッパでは，カトリック教会が王族，貴族と結びつき，東ヨーロッパでは，正教会がビザンツ帝国と結びついた。この二つの教会がヨーロッパの人々の生活に大きな影響をあたえた。

重要 テストに出る！

ザビエルはイエズス会の創立者のひとりで，布教のためにアジアにわたり活動した。

- **南蛮貿易**…ポルトガル・スペインとの貿易。**平戸・長崎**。
  - →日本は鉄砲・火薬・生糸などを輸入し，銀を輸出した

② 信長の統一事業

- **桶狭間の戦い**…駿河(静岡県)の今川義元を破る。
  - →1560年
- **入京**…室町幕府15代将軍足利義昭を立てて上京 ▶ のち義昭を追放 ▶ **室町幕府の滅亡**。
  - →1568年 →1573年
- **長篠の戦い**…鉄砲隊を有効に使い，甲斐の武田勝頼を破る。
  - →1575年
- **安土城**…琵琶湖畔に築城。壮大な**天守**。
- **信長の自害**…家臣の明智光秀に背かれ，本能寺で自害。
  - →1582年，京都

③ 信長の政策

- **楽市・楽座**…座の独占を廃止して，商工業を振興。
  - →拠点の城下町で実施
- **関所の廃止**…通行にかかる税をやめる。
- **仏教弾圧**…延暦寺焼き打ち，一向一揆制圧。キリスト教保護。
  - →本拠地の石山本願寺を降伏させる

3 豊臣秀吉の全国統一
ドリル P90

① 豊臣(羽柴)秀吉の全国統一

- **信長の後継者**…明智光秀を破り，徳川家康などを服属させる。
  - →1582年山崎(やまざき)の戦い
- **大阪城築城**…全国統一の本拠地。
- **全国統一**…1590年，関東の北条氏をほろぼし統一を完成。

② 検地と刀狩…**兵農分離** ▶ 近世身分制社会の基礎確立。
  - →武士と百姓の身分が分かれる

- **太閤検地**…全国の田畑の面積・収穫高(**石高**)・耕作者を登録
  - →百姓として登録
  - ▶ 耕作の権利を認め年貢納入の義務 ▶ 荘園の消滅。
  - →武士の知行の単位　→土地をはなれることを禁止
- **刀狩**…百姓の武装解除 ▶ 百姓身分の固定。
  - →1588年，刀狩令，一揆防止　他の職業につくことを禁止
- **外交**…キリスト教宣教師は追放したが，貿易は奨励した。
  - →バテレン追放令

③ 朝鮮侵略…豊臣氏没落の原因

- **二度の出兵**…明(中国)征服をくわだてたが，民衆の抵抗，明の援軍，朝鮮軍の反攻で苦戦。秀吉の死で撤兵。
  - →1592年文禄の役と1597年慶長の役　→義兵　→李舜臣の水軍

④ 桃山文化…新興大名・大商人の気風を反映 ▶ 豪壮な文化。

- **城**…壮大な天守。書院造。濃絵(**狩野永徳・山楽**など)。
  - →大阪城・姫路城など　→ふすま絵や屏風など
- **茶の湯**…**千利休**がわび茶として大成。
- **芸能**…**かぶきおどり**(出雲の阿国)，**浄瑠璃**。
  - →歌舞伎に発展　→三味線に合わせて語られる
- **南蛮文化**…南蛮貿易でヨーロッパの文物を輸入。

▲織田信長　　　▲豊臣秀吉

覚えると得

関白となった秀吉

低い身分の出身だった秀吉は，源氏の棟梁がつくといわれた征夷大将軍の職にはつけず，朝廷から豊臣姓をあたえられて関白となった。

李舜臣

李舜臣は，亀甲船を使って日本の水軍を破り，救国の英雄として現在でもたたえられている。

南蛮文化

パン・カステラ・カルタ・時計・天文学・活版印刷術などがもたらされた。

ミスに注意

★荘園の消滅…太閤検地によって最終的に荘園制と呼ばれたさまざまな土地に対する権利が整理されることになった。

ヨーロッパ人との出会いと天下統一

スタート ドリル

| 1 | 200 | 400 | 600 | 800 | 1000 | 1200 | 1400 | 1600 | 1800 | 2000年 |

学習する年代 室町・安土桃山時代

---

1 次の文の{ }の中から，正しい語句を選んで書きなさい。

(各6点×6　36点)

(1)　16世紀前半にルターやカルバンが宗教改革を始め，それを支持する人々は{　カトリック　　プロテスタント　}と呼ばれた。

(2)　1492年，イタリア人の{　コロンブス　　マゼラン　}は，大西洋を横断して西インド諸島に達した。

(3)　1543年，{　スペイン人　　ポルトガル人　}を乗せた中国の船が鹿児島県の種子島に流れ着き，日本に鉄砲を伝えた。

(4)　1573年，織田信長は，敵対するようになった15代将軍足利義昭を京都から追放した。これによって，{　鎌倉幕府　　室町幕府　}は滅亡した。

(5)　1590年，豊臣秀吉は関東の{　武田氏　　北条氏　}をたおし，全国を統一した。

(6)　16世紀末に豊臣秀吉は，二度にわたって{　高麗　　朝鮮　}を侵略した。

---

2 生活や文化について，次の文の{ }の中から，正しい語句を選んで書きなさい。

(各6点×4　24点)

(1)　14世紀から16世紀にかけて，ヨーロッパではギリシャ，ローマの古代文明を学びなおす学問や芸術がさかんになった。これを{　プロテスタント　　ルネサンス　}という。

(2)　織田信長は，商工業の発展を図るため，{　関所　　楽市・楽座　}の政策をとった。

(3)　豊臣秀吉は，百姓の一揆を防ぐために，{　刀狩　　検地　}を行った。

(4)　茶の湯を質素なわび茶の作法として完成させたのは，{　狩野永徳　　千利休　}である。

3 次の略年表を見て，あとの問いに答えなさい。

（各5点×8　40点）

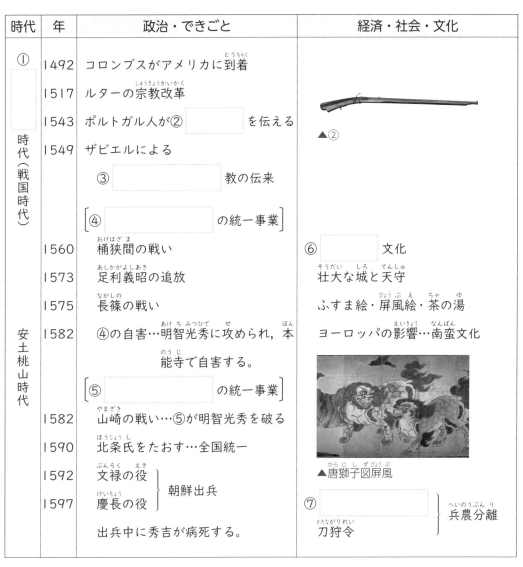

時代	年	政治・できごと	経済・社会・文化
① ___ 時代（戦国時代）	1492	コロンブスがアメリカに到着	
	1517	ルターの宗教改革	
	1543	ポルトガル人が② ___ を伝える	▲②
	1549	ザビエルによる ③ ___ 教の伝来 [④ ___ の統一事業]	
	1560	桶狭間の戦い	⑥ ___ 文化
安土桃山時代	1573	足利義昭の追放	壮大な城と天守
	1575	長篠の戦い	ふすま絵・屏風絵・茶の湯
	1582	④の自害…明智光秀に攻められ，本能寺で自害する。[⑤ ___ の統一事業]	ヨーロッパの影響…南蛮文化
	1582	山崎の戦い…⑤が明智光秀を破る	
	1590	北条氏をたおす…全国統一	▲唐獅子図屏風
	1592	文禄の役 ┐朝鮮出兵	⑦ ___ ┐兵農分離
	1597	慶長の役 ┘ 出兵中に秀吉が病死する。	刀狩令 ┘

(1) 年表中の①〜⑦にあてはまる語句を書きなさい。

(2) 桃山文化の特色について，（　）にあてはまる語句を書きなさい。
戦国大名や大商人たちの権力や富を背景にした（　　）で壮大な文化であった。

85

書き込み
ドリル

7 ヨーロッパ人との出会いと天下統一

① 7〜16世紀の世界

1	200	400	600	800	1000	1200	1400	1600	1800	2000年

学習する年代 中世・近世

基本

1 次の文の{ }の中から，正しい語句を選んで書きなさい。

✓ チェック P82 **1** ②(各5点×5 25点)

必出 (1) ルネサンスは，商業の発展で自由な気風が生まれた{ イタリア イギリス フランス }の都市から始まった。

(2) カトリック教会が免罪符の販売を始めると，{ オランダ スイス ドイツ }でルターが教会を批判した。

(3) スイスでは{ ムハンマド カルバン コロンブス }が，職業にはげむことが神の意志にかなうと説いた。

(4) ルターなどの改革を支持する人々は，カトリック教会の信徒に対して{ 正教会 プロテスタント イスラム }と呼ばれた。

(5) 宗教改革の動きに対してカトリック教会内部でも改革運動を始め，{ インカ帝国 イエズス会 正教会 }は海外布教を進めた。

2 次の文の ___ にあてはまる語句を，下の ___ から選んで書きなさい。

✓ チェック P82 **1** ①(各6点×5 30点)

東方貿易で栄えた (1) _____ 半島の都市メッカの商人だった (2) _____ は，唯一神 (3) _____ を信仰するイスラム教を興し，かれの後継者による征服戦争でイスラム帝国が建設された。キリスト教の聖地 (4) _____ がイスラム教徒に占領されたことから，ローマ教皇は (5) _____ を聖地奪回に派遣したが失敗に終わった。

> キリスト ムハンマド 十字軍 アラー イタリア アラビア エルサレム

得点UP
コーチ

1 (1)当時，地中海が東方貿易の重要なルートだった。(3)勤労によって得る富を認めたので，商工業者に広がった。

2 (1)アジアとヨーロッパの通商路にあたった。(4)キリスト教だけでなくイスラム教，ユダヤ教の聖地でもある。

学習日　　月　　日　　得点　　点

発 展

3 ヨーロッパの世界進出について，次の問いに答えなさい。

✓ **チェック** P82 **1** ③（各5点×9　45点）

(1)　右の地図中の①～③の新しい航路に関する人

物の名前をそれぞれ書きなさい。

①

②

③

(2)　ヨーロッパ人が(1)の新しい航路を開拓した理

由について，正しい文の記号を書きなさい。

ア　イスラム商人たちが地中海・アラビア半島経由の貿易を独占^{どくせん}していた。

イ　モンゴル帝国がヨーロッパに侵入^{しんにゅう}してきた。

ウ　聖書によって，ヨーロッパ人が世界を征服する義務があると考えた。

(3)　(1)の新しい航路の開拓と関係のない文の記号を書きなさい。

ア　羅針盤^{らしんばん}が実用化され，陸地の見えないところでも航海ができるようになった。

イ　正確な太陰暦^{たいいん}がつくられるようになった。

ウ　天文学や地理学が発展し，地球球体説^{ちきゅうきゅうたいせつ}が信じられるようになった。

(4)　コロンブスを支援^{しえん}し，おもにアメリカ大陸に進出したヨーロッパの国はどこか。

(5)　(4)がほろぼした，①アンデス山中を中心に栄えていた帝国，②メキシコ高原を中心に

栄えていた帝国は，それぞれどこか。

①

②

(6)　おもにアジアに進出したヨーロッパの国はどこか。

得点UP コーチ↑

3 (1)①到着^{とうちゃく}した島々を，死ぬまでインド

の一部だと信じていた。③本人はフィリピ

ンで現地人と争って戦死し，部下が世界周

航を達成した。(4)(6)新航路の開拓を援助し

たこの2国が16世紀の世界貿易を支配した。

② 織田信長の統一事業

	1	200	400	600	800	1000	1200	1400	1600	1800	2000年

学習する年代 室町・安土桃山時代

基本

1 次の文の{ }の中から，正しい語句を選んで書きなさい。

✓ チェック P82 **2** ①(各5点×5　25点)

必出 (1) 1543年，種子島に漂着した{　スペイン人　　ポルトガル人　　オランダ人　}が日本に鉄砲を伝えた。

(2) 鉄砲はすぐさま全国へ伝わり，{　鹿児島　　江戸　　堺　}や近江の国友などではさっそく生産が始まった。

必出 (3) ザビエルは，{　プロテスタント　　イエズス会　　イスラム教　}の宣教師だった。

(4) 九州の大名の中には，貿易による利益を求めてキリスト教に改宗する{　守護大名　　キリシタン大名　　バテレン　}もあらわれた。

(5) ヨーロッパ人との{　勘合貿易　　日宋貿易　　南蛮貿易　}で栄えたのは，長崎や平戸だった。

2 次の文の＿＿にあてはまる語句を，下の＿＿から選んで書きなさい。

✓ チェック P83 **2** ③(各5点×5　25点)

織田信長は拠点とした (1)＿＿＿＿＿＿などの城下で，市での税をやめ，座の特権を廃止する (2)＿＿＿＿＿＿を行った。また，通行料などを徴収していた (3)＿＿＿＿＿＿も廃止して，商業をさかんにした。信長は，大きな仏教勢力である (4)＿＿＿＿＿＿を焼き打ちし，一向一揆の中心となっていた (5)＿＿＿＿＿＿を降伏させ，キリスト教を保護した。

延暦寺	石山本願寺	安土	関所	楽市・楽座	定期市	大阪

**得点UP
コーチ**

1 (1)日本とヨーロッパ人のはじめての出会い。(2)当時，自治都市として栄えていた。(5)ポルトガル人やスペイン人は南蛮人と呼ばれた。　**2** (4)京都の北，比叡山にある。(5)現在の大阪にあった。

発展

3 右の織田信長に関係する年表を見て，次の問いに答えなさい。

✔ **チェック** P83 **2** ②，③（各5点×10　50点）

(1) 年表中のA～Dの□□□にあてはまる語句を書きなさい。

A _____

B _____

C _____

D _____

年代	で　き　ご　と
1560	＿A＿の戦いで今川義元を破る
1568	足利義昭を立てて京都に上る
1573	義昭を追放し，＿B＿をほろぼす
1575	＿C＿の戦いで武田勝頼を破る
1576	＿D＿城を築く
1582	本能寺で信長が自害する………E

(2) Bの初代の将軍はだれか。　_____

(3) Cの戦いの様子として，正しい文の記号を書きなさい。　_____

　ア　信長の水軍が武田勝頼の水軍に大勝した。

　イ　信長が武田勝頼の本拠地の城を攻略した。

　ウ　信長が武田勝頼の騎馬隊を足軽の鉄砲隊を使って打ち破った。

(4) Dの城が建てられたのは何という湖のそばか。　_____

(5) 信長の政策を説明したものとして正しい文の記号を書きなさい。　_____

　ア　関白となり権力をにぎった。

　イ　刀狩を行い兵農分離をすすめた。

　ウ　キリスト教を保護した。

(6) Eの起こった場所を右の地図中のア～ウから選び，記号で答えなさい。また，Eで信長を自害させた信長の家臣の名を書きなさい。

　場所_____　家臣_____

書き込み
ドリル

7 ヨーロッパ人との出会いと天下統一
3 豊臣秀吉の全国統一
とよとみひでよし

学習する年代 安土桃山時代

1　200　400　600　800　1000　1200　1400　1600　1800　2000年

基本

1　次の文の{ }の中から，正しい語句を選んで書きなさい。

✅ チェック P83 **3** ①（各4点×4　16点）

(1)　羽柴秀吉（のちの豊臣秀吉）は山崎の戦いで{ 徳川家康　明智光秀　今川義元 }を破り，織田信長の後継者の地位を獲得した。

[　　　　　　　]

必出 (2)　秀吉は全国統一の本拠地として{ 江戸　大阪　京都 }に壮大な城を築いた。

[　　　　　　　]

(3)　秀吉は朝廷から{ 征夷大将軍　摂政　関白 }に任じられた。

[　　　　　　　]

(4)　秀吉は1590年，関東地方を支配していた{ 毛利氏　北条氏　武田氏 }をほろぼして，全国を統一した。

[　　　　　　　]

2　次の文の　　　　にあてはまる語句を，下の　　　から選んで書きなさい。

✅ チェック P83 **3** ④（各6点×5　30点）

(1)　信長・秀吉のころの豪華で雄大な文化を[　　　　　　　]という。

(2)　城には，ひときわ高くそびえる[　　　　　　　]がつくられた。

(3)　[　　　　　　　]は，城内にはなやかな屏風絵をえがいた。

必出 (4)　[　　　　　　　]によって始められたかぶきおどりは，のちに歌舞伎に発展した。

必出 (5)　室町時代にさかんになった茶の湯は，[　　　　　　　]によってわび茶として大成された。

出雲の阿国　狩野永徳　東山文化　桃山文化　千利休　天守

**得点UP
コーチ↑**

1 (1)本能寺で織田信長をおそった。(2)石山本願寺の跡地につくられた。(4)鎌倉時代の執権の一族とは関係がない。

2 (3)狩野派という絵画の流派を代表する人物。(4)出雲大社の巫女であったといわれる。(5)茶道の千家の祖。

| 学習日 | 月 | 日 | 得点 | 点 |

発展

3 次の文を読んで，下の問いに答えなさい。

✅ チェック P83 **3** ②，③(各6点×9 54点)

　　□は，ものさしやますを統一し，A土地調査を行い，統一の基準で田畑の面積・収穫高・耕作者を帳面に記録した。また，B百姓から武器を取り上げた。

　　□は，C二度にわたって朝鮮半島に兵を送ったが，民衆の抵抗などで苦戦した。

必出 (1) Aについて，右の絵のように行われたこの政策を何というか。

(2) Aによって，土地は収穫高によってあらわされるようになった。このときの収穫高の体積は何で表したか。

(3) Aの結果について，次の□にあてはまる語句を書きなさい。

　　これによって□□□□□□は土地を耕作する権利を保障されたが，年貢を納める義務を負い，土地を勝手にはなれることができなくなった。

必出 (4) Bの政策を何というか。

(5) Bは何を防ぐことを目的としていたか。

(6) A，Bの影響で身分上の区別が進んだことを何というか。

(7) Cの戦いで，朝鮮の水軍が使用し，活躍した船を何というか。

(8) Cは，中国を征服することを目的としていたが，この当時の中国の王朝名を書きなさい。

(9) Cは□の人物の死によって中止され，兵が撤退した。このある人物とはだれか。

得点UP コーチ↑

3 (1)絵は江戸時代のものだが，田畑を一つずつ調べた。(2)大名など武士の領地の大きさも「○○石」と表記されるようになった。

(5)支配者は百姓のどのような行為をおそれたかを考える。

まとめの ドリル

ヨーロッパ人との出会いと天下統一

学習する年代	室町・安土桃山時代

年表 1 200 400 600 800 1000 1200 1400 1600 1800 2000年

1 右の年表を見て，次の問いに答えなさい。

✓ **チェック** P82 **2**，P83 **3** (各5点×11 55点)

(1) 年表の □ にあてはまる語句を書きなさい。

　① _____

　② _____

　③ _____

　④ _____

(2) 年表中のAのときに伝えられ，Dのときに信長が大量に使用した武器は何か。

　_____

(3) 年表中のBについて，キリスト教を伝えたイエズス会の宣教師はだれか。

　_____

(4) 年表中のCについて，このころ行われたポルトガル・スペインとの貿易を何というか。

　_____

(5) 年表中のD，Fに関係の深い戦国大名を，下の{ }から選んで書きなさい。

　D _____　　　F _____

{ 長宗我部氏　　今川氏　　武田氏　　島津氏　　上杉氏　　北条氏 }

(6) 年表中のEについて，秀吉の基本方針を述べた次の文の □ にあてはまる語句を書きなさい。

　秀吉は，_____の権威をかりて全国を支配しようとした。

(7) 年表中のGについて，水軍を率いて秀吉の水軍を破った朝鮮の武将はだれか。

　_____

年代	で　き　ご　と
1543	ポルトガル人が ① に漂着する……A
1549	キリスト教が伝わる…………………B
	このころ平戸や長崎が貿易港として栄える……………………………C
1568	織田信長が京都に上る
1573	室町幕府がほろぶ
1575	長篠の戦いが起こる………………D
1576	信長が ② を築く
1582	信長が ③ で自害する
1583	豊臣秀吉が ④ を築く
1585	秀吉が関白となる…………………E
1590	秀吉が全国を統一する……………F
1592	朝鮮を侵略する
1597	再び朝鮮を侵略する }…………G

得点UP コーチ↑

1 (1)②④信長・秀吉が統一事業の本拠地として築いた城。信長と秀吉の時代を安土桃山時代という。(5)D最強といわれた騎馬隊が，織田・徳川連合軍に敗れた。F関東一円を支配していた戦国大名。

2 信長・秀吉の政治について，次の問いに答えなさい。

✓チェック P82 **2**，P83 **3** (各5点×4 20点)

(1) 信長は，市場の税を免除し，座の特権を廃止して商工業の育成に努めた。この政策を何というか。

(2) 秀吉が全国の田畑の面積・収穫高・耕作者を調査したことを，特に何というか。

(3) 右の史料は，秀吉が1588年に出した法令である。この法令を何というか。

> 諸国の百姓が，刀，わきざし，弓，やり，鉄砲その他の武具の類を持つことをかたく禁止する。不必要な道具をたくわえ，年貢を出ししぶり，ついには一揆をくわだて，領主に対してけしからぬ行為をする者は，もちろん罰する。(一部要約)

(4) キリスト教の布教を禁じて，宣教師を海外に追放したのは，信長，秀吉のどちらか。

3 次の文を読んで，下の問いに答えなさい。

✓チェック P82 **1** (各5点×5 25点)

14～16世紀の西ヨーロッパでは，A自由な気風の中で人間性を尊重した文化を生み出そうとする動きや，B堕落したカトリック教会を批判してキリスト教の正しいあり方を主張する動きが起こった。

(1) Aの動きを何というか。

(2) Aの動きが最初に起こった国はどこか。

(3) Bの動きを何というか。

(4) Bの動きに同調した人々を何と呼ぶか。

(5) ザビエルらがBに対し結成した組織を何というか。

得点UP コーチ

2 (1)「楽」とは自由という意味。(2)関白職をゆずった者を太閤という。(4)信長は仏教勢力を弾圧した。

3 (1)日本語では「文芸復興」と訳される。(5)カトリック側からは反宗教改革という改革運動が起こった。

8 江戸幕府の成立と鎖国

1 江戸幕府の成立と仕組み

ドリル P98

① 江戸幕府の成立の流れと豊臣氏の滅亡

- **関ヶ原の戦い**…徳川家康が石田三成らを破る。
  - →1600年, 今の岐阜県
- **江戸幕府の成立**…家康が征夷大将軍に任命される。
  - →1603年
- ・**豊臣氏滅亡**…2度の大阪の陣。
  - →1615年

② 幕藩体制

- **幕領**…幕府の直接支配
  - →天領ともいう
  地。重要都市や鉱山を
  含む。

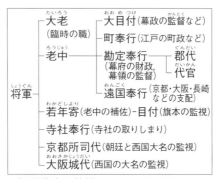

```
        ┌ 大老       ┌ 大目付(幕政の監督など)
        │ (臨時の職)  ├ 町奉行(江戸の町政など)
        │           │ 勘定奉行      ┌ 郡代
        ├ 老中      ├ (幕府の財政、  └ 代官
        │           │  幕領の監督)
        │           └ 遠国奉行(京都・大阪・長崎
        │                    などの支配)
 将軍 ──┤
        ├ 若年寄(老中の補佐)-目付(旗本の監視)
        ├ 寺社奉行(寺社の取りしまり)
        ├ 京都所司代(朝廷と西国大名の監視)
        └ 大阪城代(西国の大名の監視)
```

▲江戸幕府の仕組み

- **幕府の仕組み**…**老中**,
  三奉行(寺社奉行・勘定
  奉行・町奉行)などには
  譜代大名や旗本が就任
  し, 幕政を運営 ■▶ 貨幣の鋳造, 街道の管理。
- **藩**…大名(将軍と主従関係)の領地または支配の仕組みのこと。
  - →1万石以上

③ 大名の統制

- **大名の配置**…**親藩・譜代大名**は関東・近畿などの要地。**外**
  - 徳川氏一門→ →古くからの家臣 →新たに従った家臣
  様大名は東北・九州など江戸から遠い地方。
- **武家諸法度**…大名統制の法 ■▶ 違反者は改易などにされた。
  - →取りつぶし
- **参勤交代**…大名は江戸と領地を1年交代で往復。妻子は江
  - →藩の財政が圧迫される 大名行列→
  戸に居住する。

④ 朝廷の統制

- **禁中並公家諸法度**…天皇や公家の行動を規制。
- **京都所司代**…朝廷の監視。

2 さまざまな身分とくらし

ドリル P100

① 身分制度の確立

- **武士**…名字・帯刀。城下町に集住して政治・軍事を行う。
  - →武士の特権
- **百姓**…**本百姓, 水のみ百姓**の区別 ■▶ 本百姓は年貢を納入。
  - 地主, 自作農→ →土地を持たない小作農
- **町人**…**職人と商人** ■▶ 城下町に集住…地主・家持と借家人。
  - ちょうにん →町の自治

② **百姓の生活**
→全人口の85%
- ●**百姓の生活**…収穫高の40〜50％の年貢の負担。自給自足
→四公六民，五公五民といわれる
で，林野，用水を共同で管理。触書による生活の規制。
- ●**村役人**…本百姓から庄屋(名主)，組頭，百姓代が選出され
→しょうや　なぬし　くみがしら　ひゃくしょうだい
る。■▶ 村の自治や年貢の徴収を行う。
→ちょうしゅう
- ●**五人組**…年貢納入・犯罪防止などに連帯責任を負う。
→ごにんぐみ
→5，6戸の農家で組織
③ **きびしい身分差別**
- ●**身分の上下**…儒学(朱子学)の影響。男尊女卑の考えも広まる。
→じゅがく　しゅしがく　えいきょう　だんそんじょひ
→身分が違うと婚姻もできなかった
- ●**えた・ひにん**…百姓・町人とは別に，職業・居住地・服装
などの生活全般に規制と差別 ■▶ 下級の警吏，皮革業。
→けいり　ひかくぎょう

3 貿易の振興から鎖国へ
→しんこう　さこく

ドリル P102

① **江戸初期の外交**…家康の政策 ■▶ 近隣諸国との友好，貿易
→そくしん
促進。
- ●**朱印船貿易**…大商人に海外渡
→しゅいんせん　と
航の許可証をあたえ，貿易を
→こう
奨励。
→しょうれい　→朱印状
- ●**日本町**…東南アジア各地に日
→にほんまち
→日本人の自治，アユタヤの山田長政など
本人が進出。

② **禁教から鎖国へ**
→きんきょう
- ●**禁教令**…宣教師を国外追放，
→せんきょうし　はくがい
→1612年
キリスト教徒を迫害。

▲朱印船の渡航先と日本町

- ●**島原・天草一揆**…キリスト教徒中心の一揆 ■▶ 幕府が苦戦。
→しまばら　あまくさいっき
→1637年，天草四郎(益田時貞)が率いる
- ●**禁教の徹底**…絵踏・宗門改 の実施。
→てってい　えふみ　しゅうもんあらため　じっし
- ●**鎖国の完成**…スペイン船・ポルトガル船の来航禁止，オラ
→1624年→1639年
ンダ商館の**長崎出島**移転。日本人の海外渡航・帰国の禁止。
→でじま
→1641年　　　　　　　　　　　　　　　　　→1635年
③ **鎖国下の対外関係**…幕府が貿易を管理。
→西国の大名が利益を得るのを防ぐ
→どくせん
- ●**長崎貿易**…オランダ・清(中国)との貿易 ■▶ 幕府が独占。
→ちょうせん
→女真族(満州族)が明をほろぼして建国つうしんし
- ●**朝鮮との国交回復**…対馬の宗氏が窓口 ■▶ **朝鮮通信使**。
→りゅうきゅう
→対馬　そうし
将軍の代がわりのとき←
- ●**琉球王国**…薩摩藩が征服 ■▶ 中国との朝貢貿易を継続。
→さつま
→まつまえ　→島津氏
せいふく
ちょうこう
- ●**蝦夷地**…松前藩がアイヌ民族との交易を独占 ■▶ シャク
→えぞち
→北海道
シャインの反乱 ■▶ 松前藩が鎮圧 ■▶ アイヌ民族への支
→ちんあつ
配強化。

覚 え る と 得

百姓への触書
→ふれがき
安定して年貢を得る
目的で，百姓の生活
を細かく規制した。

・土地の売買の禁止

・米以外の作物の栽
→さい
培の規制
→ばい

・次，三男への分地
の制限

・衣服などの制限

絵踏
役人の前で，キリス
ト教に関する絵がか
かれた板(踏絵)をふ
→ふみ　え
ませ，キリスト教徒
かどうか調べた。

宗門改
すべての人を寺の檀
→だん
家にし，寺に証明さ
→か
せること。作成され
た宗門改帳は戸籍の
役割を持つ。

オランダ風説書
→ふうせつがき
オランダ商館の館長
が毎年将軍に出した
世界の情勢を記した
報告書。

重 要 テストに出る！

オランダはプロテ
スタントの国で，
カトリックの国で
あるスペイン・ポ
ルトガルと争って
いた。

江戸幕府の成立と鎖国

1 次の文の{ }の中から，正しい語句を選んで書きなさい。

(各6点×7　42点)

(1) 1600年，徳川家康は{ 大坂の陣　関ヶ原の戦い }で豊臣方の石田三成らを破り，全国支配の実権をにぎった。

(2) 1603年，家康は朝廷から征夷大将軍に任ぜられ，{ 江戸　京都 }に幕府を開いた。

(3) 幕府は大名を統制するため，{ 武家諸法度　御成敗式目 }という法律を定めた。

(4) 第3代将軍徳川家光は，(3)の法律の中に大名が1年おきに江戸と領地を往復する制度を定めた。これを{ 参勤交代　冠位十二階 }の制度という。

(5) 家康は，海外との貿易の発展に努め，商人や大名の中には{ 勘合貿易　朱印船貿易 }を行う者もいた。

(6) 1637年，キリスト教徒への迫害や重い年貢の取り立てに苦しんだ農民たちが一揆を起こした。これを{ 一向一揆　島原・天草一揆 }という。

(7) それまで独立国であった{ 蝦夷地　琉球王国 }は，薩摩藩に攻められて服属した。

2 江戸時代初期の生活について，次の文の{ }の中から，正しい語句を選んで書きなさい。

(各6点×3　18点)

(1) 身分制度のもとで，支配者の身分とされたのは{ 武士　町人 }である。

(2) 百姓の中で，年貢を納める役割を負ったのは{ 本百姓　水のみ百姓 }であった。

(3) 百姓などのほかに{ えた　防人 }・ひにんという身分があり，ほかの身分の人に厳しく差別された。

3 次の略年表を見て，あとの問いに答えなさい。

(各5点×8　40点)

時代	年	政治・できごと	経済・社会・文化
① ［　　］時代	1603	② ［　　　　　　］が 征夷大将軍となる…江戸に幕府をひらく	厳しい身分制度 武士・百姓・町人 えた・⑥ ［　　　　］
	1612	禁教令（キリスト教禁止令）	
	1615	豊臣氏をほろぼす ③ ［　　　　　　］の制定 ┗→大名が守るべききまりで，その後も出される	
	1635	参勤交代の制度化 ┗→三代将軍徳川家光による	▲絵踏 対外関係 ・オランダ，清との貿易継続 ・朝鮮通信使 ・⑦ ［　　　　　　　　］…薩摩藩征服後も中国との朝貢貿易を続ける。 ・アイヌ民族…シャクシャインの戦い。（1669年）
	1637	④ ［　　　　　　］一揆 ┗→九州で農民たちの一揆	
	1641	⑤ ［　　　　］の完成 ┗→オランダ商館を長崎の出島へ移す	

(1) 年表中の①〜⑦にあてはまる語句を書きなさい。

(2) 次の文の（　）にあてはまる語句を書きなさい。

　　幕府には，老中や三奉行が置かれたが，これらの役職には（　　）や旗本が任命された。

[　　　　　　　　]

8 江戸幕府の成立と鎖国

① 江戸幕府の成立と仕組み

基本

1 次の文の{ }の中から，正しい語句を選んで書きなさい。

✓ チェック P94 **1** ①，②，③(各5点×5 25点)

(1) 徳川家康は関ヶ原の戦いで{ 石田三成　天草四郎　豊臣秀頼 }らを破り，全国

支配の実権をにぎった。

必出 (2) 1603年，家康は{ 関白　太政大臣　征夷大将軍 }に任じられ江戸に幕府を開

いた。

(3) 江戸時代には，将軍の直接の家臣で1万石以上の領地を持つ者を{ 旗本　御家人

大名 }と呼んだ。

(4) 幕府は{ 朝廷　寺社　大名 }を統制するために，武家諸法度というきまりを定

めた。

必出 (5) 大名は1年おきに江戸と領地に交互に住み，妻子を江戸に住まわせることが義務づけ

られた。これを{ 大名行列　参勤交代 }という。

2 次の文にあてはまる語句を，下の◯◯◯から選んで書きなさい。

✓ チェック P94 **1** ②，④(各5点×5 25点)

必出 (1) 幕府の通常の最高職で譜代大名が任じられた。

(2) 三奉行の一つで，幕府の財政などを担当した。

(3) 三奉行の一つで，寺社の取りしまりを担当した。

(4) 三奉行の一つで，江戸の町政を担当した。

(5) 京都に置かれ，朝廷の監視などを行った。

> 勘定奉行　　京都所司代　　町奉行　　寺社奉行　　老中　　大阪城代　　目付

**得点UP
コーチ**

1 (1)現在の岐阜県にある。(3)大名も将軍
と主従関係にあった。(4)朝廷の統制には禁
中並公家諸法度が制定された。

2 (1)幕府の臨時の最高職は大老である。
(2)(3)(4)勘定奉行・町奉行は旗本，寺社奉行
は譜代大名が任じられた。

発展

3 江戸幕府と大名について，次の問いに答えなさい。

✓ **チェック** P94 **1** ②，③(各5点×10 50点)

(1) 右のグラフの幕府直轄領は，通常何と呼ばれたか，名を書きなさい。

(2) 幕府領地は，全国の総石高の約何分の1を占めているか。 約 ___ 分の1

皇室・公家領0.5%
寺社領1.2%

幕府領地		大名領 72.5%
直轄領 15.8%	旗本領 10.0%	

(総石高 約2643万石)

▲江戸中期の領地の割合

必出 (3) 次の大名の名称をそれぞれ答えなさい。

① 古くから徳川氏に従っていた大名。

② 新たに徳川氏に従った大名。

③ 徳川氏の一門の大名。

(4) 大名の領地について，___ にあてはまる語句を，下の ___ から選んで書きなさい。

大名の領地や支配の仕組みを ① ___ といった。大名の中でも(3)の①や③の大名は江戸から ② ___ 場所や要地に配置され，(3)の②の大名は江戸から ③ ___ 場所に配置された。

> 遠い　　近い　　荘園　　公領　　藩

必出 (5) 武家諸法度の内容と関係のない文の記号で答えなさい。

ア 大名は勝手に結婚してはならない。

イ 大名は領内の農民からとる年貢の率を勝手に決めてはいけない。

ウ 大名は領地と江戸とに交代で住み，毎年4月中に参勤しなければならない。

(6) 幕府と大名が全国を支配する体制を何というか。

- -

得点UP コーチ

3 (1)京都・大阪・長崎などの主要都市や，重要鉱山などが含まれる。(4)譜代大名や親藩は，幕府に反抗する勢力から江戸を守るために，要地に配置された。(5)藩内は基本的に大名によって自由に治められた。

⑧ 江戸幕府の成立と鎖国

2 さまざまな身分とくらし

| 1 | 200 | 400 | 600 | 800 | 1000 | 1200 | 1400 | 1600 | 1800 | 2000年 |

学習する年代 江戸時代

基本

1 次の文の{ }の中から，正しい語句を選んで書きなさい。

✓ チェック P94 2 ①，P95 ③（各5点×5 25点）

必出 (1) 江戸時代の身分制度で一番上位に置かれた{ 武士　百姓　商人 }は，名字を
持ったり刀を帯びたりする特権を持っていた。

(2) 百姓の中でも，自分の田畑を持ち検地帳に記載された者を{ 水のみ百姓　本百姓
地頭 }と呼んだ。

(3) 武士はおもに{ 寺内町　門前町　城下町 }に住んだ。

(4) 家庭や社会の中でも上下があり，{ 男　女　子ども }が尊重されて強い力を
持っていた。

(5) 身分の上下を尊重する考え方は，{ 神道　仏教　儒学 }の教えに沿ったもの
だった。

2 次の文の □ にあてはまる語句を，下の □ から選んで書きなさい。

✓ チェック P95 2 ②（各6点×3 18点）

幕府や藩はその財政のほとんどが，百姓の納める (1) [　　　　　] でまかなわ
れたため，百姓の生活の細部にわたり統制を加えた。幕府は土地の売買を禁止し，さら
に (2) [　　　　　] を組織させて，年貢納入などの連帯責任をとらせた。また，
えた・ (3) [　　　　　] という，さらに別の身分を設け，職業，服装，住居など
を規制した。百姓たちは，林野や用水路を共同で管理し，助け合って生活していた。

| 貨幣 | 年貢米 | ひにん | 五人組 | 武家諸法度 |

得点UP
コーチ↑

1 (1)政治や軍事を行った。(2)年貢を納入
する義務を負った。(4)男尊女卑の考え方が
一般的だった。

2 (1)江戸時代は米を中心とした経済だっ
た。(2)5～6戸の農家を単位として組織され
た。

発展

3 百姓の生活について，次の問いに答えなさい。

✓ チェック P95 **2**②（各6点×7　42点）

(1) 農村の運営について， □ にあてはまる語句を書きなさい。

農村で年貢の徴収や自治を行ったのは有力な本百姓から選ばれる ① 　　　　　　　　　，

② 　　　　　　　　　， ③ 　　　　　　　　　と呼ばれる ④ 　　　　　　　　　

だった。

(2) 年貢の割合が五公五民であったとすると，百姓は収穫高の何％を年貢として納めたことになるか。　　　　　　収穫高の □ ％

(3) 百姓に対する規制であやまっている文の記号を書きなさい。 □

ア　田畑を売買してはいけない。

イ　米以外の作物を栽培することは制限する。

ウ　百姓の次，三男に田畑を分けあたえなくてはいけない。

必出 (4) 年貢として納める作物の中心は何か。 □

4 右の円グラフは，江戸時代の人口の割合を示したものである。このグラフを見て，次の問いに答えなさい。

✓ チェック P94 **2**①（各5点×3　15点）

必出 (1) 人口の大部分をしめ，支配階級の生活を支えたのはだれか。 □

(2) 支配階級にあたる身分は，全人口の約何％をしめているか。

約 □ ％

(3) 商人と，大工などの職人とからなる人たちは一般に何と呼ばれたか。 □

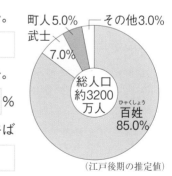

町人5.0%　その他3.0%
武士　7.0%
総人口約3200万人
百姓85.0%
（江戸後期の推定値）

- -

**得点UP
コーチ**

3 (1)農村では農民身分の者が役人として村政にあたった。(4)経済は米を中心にして動いていた。

4 (2)名字・帯刀などの特権を持っていた。(3)町に集められて住み，商工業の発達とともに実力をつけていった。

101

基本

1 次の文の{ }の中から，正しい語句を選んで書きなさい。

✓チェック P95 3 ①，②(各5点×4　20点)

必出 (1) 徳川家康は，南方へわたる船に渡航許可証をあたえ，{ 朱印船　勘合　南蛮 }貿易をさかんにした。

[　　　　　　]

必出 (2) (1)の貿易により，東南アジア各地に{ 城下町　門前町　日本町 }がつくられた。

[　　　　　　]

必出 (3) 鎖国後も外国への窓口として開かれていたのは，{ 長崎　横浜　鹿児島 }である。

[　　　　　　]

(4) 鎖国後も日本と貿易を行った唯一のヨーロッパの国は，{ イタリア　イギリス　オランダ }である。

[　　　　　　]

必出 **2** 次の文の□にあてはまる語句を，下の▭から選んで書きなさい。

✓チェック P95 3 ②(各5点×4　20点)

　幕府ははじめキリスト教を黙認していたが，武士による封建支配のさまたげになるとして，1612年に (1)[　　　　　]を出し，キリスト教徒を弾圧するようになった。このような中で，九州では，領主の圧政に苦しむ信者が大規模な一揆を起こし，幕府をおどろかせた。この一揆を (2)[　　　　　]という。以後，幕府はキリスト教の禁止を徹底させるため，(3)[　　　　　]や宗門改の実施，1639年にはポルトガル船の来航を禁止し，1641年にはオランダとの貿易を出島に限定して(4)[　　　　　]を完成させた。

島原・天草一揆	応仁の乱	刀狩令	禁教令	鎖国	絵踏

得点UP コーチ

1 (1)家康は貿易による利益を重視し，秀吉以上の熱心さで貿易を奨励した。(4)オランダはプロテスタントの国。

2 (1)キリスト教禁止令ともいう。(3)イエスやマリアの像を足で踏ませた。(4)1854年に開国するまで続けられた政策。

発展

3 鎖国へのあゆみを示した右の年表を見て，次の問いに答えなさい。

✓ チェック P95 **3**②(各6点×6　36点)

(1) 年表中の□にあてはまることばを書きなさい。

①

②

③

④

年代	で き ご と
1612	① が出される
1616	中国船以外の外国船の来航を長崎・平戸に限定する
1623	イギリス人が日本を去る
1624	② 船の来航を禁止する
1635	日本人の海外渡航・帰国を禁止する
1637	島原・天草一揆…………………A
1639	③ 船の来航を禁止する
1641	④ 商館を平戸から長崎に移す…………………B

(2) 年表中のAについて，一揆側の中心人物はだれか。

必出 (3) 年表中のBについて，このとき④国の商館は，長崎につくられた人工島に移された。この島は何と呼ばれるか。

4 鎖国後の外交について，次の問いに答えなさい。

✓ チェック P95 **3**③(各6点×4　24点)

(1) オランダとともに長崎での貿易が許された，女真族が建国した中国の王朝名を書きなさい。

(2) 朝鮮からは，将軍がかわるたびに使節が送られてきた。この使節を何というか。

(3) 江戸時代初期に琉球王国を征服した藩はどこか。

(4) 蝦夷地(北海道)に住んでいた人々は，松前藩から不当な交易を強いられた。この人々を何というか。

得点UP コーチ　**3** ③日本に鉄砲を伝えた国。(2)当時，まだ16歳の少年であった。

4 (1)オランダや中国とは国交は結ばれず，貿易のみが行われた。(3)琉球王国は中国や東南アジアとの中継貿易で利益を上げた。

江戸幕府の成立と鎖国

1　右の年表を見て，次の問いに答えなさい。

✓ チェック　P94 1，P95 3（各6点×10　60点）

(1)　次の説明をもとにして，年表中の□□にあてはまる語句を書きなさい。

①　徳川家康が，石田三成らを破った。

②　家康は，貿易船に渡航許可証をあたえた。

③　大名の動きを取りしまるために定められた。

④　江戸と領地の往復は，藩の財政を圧迫した。

⑤　キリスト教徒の弾圧と，領主の圧政にたえかねた人々は，天草四郎（益田時貞）を中心として大規模な一揆を起こした。

⑥　このとき，オランダ商館が出島に移された。

年代	で き ご と
1600	① の戦いが起こる
1603	徳川家康が江戸に幕府を開く
	このころ ② 貿易が栄える……A
1605	徳川秀忠が将軍となる
1612	禁教令が出される
1615	豊臣氏がほろびる
	③ がはじめて制定される
1623	徳川家光が将軍となる…………B
1635	④ が制度化される
1637	⑤ が起こる
1641	⑥ が完成する……………C

(2)　年表中のAについて，このころ，東南アジアに移住する日本人が増えたが，この結果できた町を何というか。

(3)　年表中のBについて，このころ確立された，幕府と藩による支配体制を何というか。

(4)　年表中のCについて，次の問いに答えなさい。

①　中国（清）とともに貿易を許された，ヨーロッパの国はどこか。

②　外国への唯一の窓口となった都市はどこか。

得点UP
コーチ↑

1 (1)⑥幕府の対外基本政策として幕末まで続いた。(2)日本人の移住者の中には，シャム（タイ）国王の信任を得て高官になった山田長政のような人物もいた。

2 幕府のしくみについて，次の問いに答えなさい。

✓ チェック P94 **1** （各5点×4　20点）

(1) 次の説明をもとにして，右の図中の□にあてはまる語句を書きなさい。

① 幕府の通常の最高職で，数人が交代で政務にあたった。

② 幕府の財政，幕領の監督を行った。

(2) 幕府の役職には，原則として旗本と何と呼ばれる大名が任命されたか。

(3) 朝廷と西国大名を監視するために置かれた役職を何というか。図中から選んで答えなさい。

```
        ┌─ 大老          ┌─ 大目付
        │      ┌─ ① ─┤
        │      │      ├─ 町奉行
        │      │      │          ┌─ 郡代
        │      │      └─ ② ─┤
        │                    └─ 遠国奉行  └─ 代官
将軍 ─┤
        ├─ 若年寄 ─── 目付
        ├─ 寺社奉行
        ├─ 京都所司代
        └─ 大阪城代
```

3 次の文は何を説明したものか。あてはまる語句を書きなさい。

✓ チェック P94 **1**，**2**，P95 **3** （各5点×4　20点）

(1) 右の絵のようにして，キリスト教徒を発見しようとした。

(2) 朝鮮からは，将軍がかわるごとに使節が送られてきた。

(3) 1615年に幕府が定めた大名を規制した法律。

(4) 5〜6戸を一組とし，農民に年貢納入と犯罪の防止などについて，連帯責任を負わせるようにした。

・・・

**得点UP
コーチ**

2 (1)②江戸幕府の三奉行の一つ。
(2)古くから徳川氏に従っていた大名。(3)京都に置かれた。

3 (1)絵は，役人の前で人々に踏絵を踏ませている様子。(4)農民に対しては，厳しい統制が加えられた。

定期テスト 対策問題

ヨーロッパ人との出会いと天下統一／江戸幕府の成立と鎖国

1 右の年表を見て，次の問いに答えなさい。

✓ **チェック** P94 **1**, P95 **3** (各5点×6　30点)

(1) 年表中の　　　にあてはまる語句を書きなさい。

①　　　　　　　　　　　

②　　　　　　　　　　　

(2) Aのころにさかんになった貿易を何というか。

年代	で　き　ご　と
1600	関ヶ原の戦いが起こる
1603	① が江戸に幕府を開く……A
1612	禁教令が出される……………B
1637	② 一揆が起こる
1641	鎖国が完成する……………C

(3) 年表中のBで禁じられた宗教は何か。

(4) 年表中のC以後も貿易を許されたヨーロッパの国はどこか。また，その貿易が行われた都市名を書きなさい。

国　　　　　　　　　　　　　　都市　　　　　　　　

2 幕府の統制について，次の問いに答えなさい。

✓ **チェック** P94 **1**, **2** (各5点×4　20点)

(1) 右の資料①の名称を下の　　　から選んで書きなさい。

御成敗式目　　刀狩令　　武家諸法度

(2) 資料①で，藩の財政に大きな負担をかけた制度は何か。

(3) 資料①の空らんにあてはまることばを書きなさい。

(4) 資料②のように，農民に厳しい統制が加えられたのは農民が何を負担していたからか。

資料①（1635年制定）
一，大名は領地と　　　に交代で住み，毎年4月中に参勤すること。
一，500石以上積める船をつくってはならない。（一部要約）

資料②
一，朝は早く起きて草を刈り，昼は田畑を耕作し，晩には縄をない俵をあみ，仕事にはげむこと。
一，酒や茶を買って飲んではならない。（一部要約）

3 次の文を読んで，下の問いに答えなさい。

● チェック P82 **2**，P83 **3** (各5点×10 50点)

　ヨーロッパ諸国の世界進出が始まったころ，A日本へもヨーロッパ人が来航するようになった。このころの日本は戦国時代で，有力な大名は朝廷や将軍の権威をかりて，全国を統一しようとしていた。そのさきがけとなったのが〔　①　〕である。〔　①　〕はB新しい政策を次々に打ち出して統一事業を進めたが，明智光秀に背かれ，本能寺で生涯を終えた。その後，この事業を引きついだのが〔　②　〕である。〔　②　〕はC全国的規模の統一政策を行いながら，四国，九州を平定し，1590年には小田原の北条氏をほろぼして全国を統一した。

(1)　文中の〔　〕にあてはまる人名を書きなさい。

①　　　　　　　　　　　　　②

(2)　下線部Aについて，次の文の□□□にあてはまる語句を書きなさい。

①　1543年，□□□□□□□□□に漂着したポルトガル人が鉄砲を伝えた。

②　1549年，□□□□□□□□□が鹿児島に上陸し，キリスト教を伝えた。

③　平戸や長崎は，□□□□□□□□貿易で栄えた。

(3)　下線部Bについて，市場の税を免除し，座の特権を廃止した政策を何というか。

(4)　下線部Cについて，次の政策をそれぞれ何というか。

①　全国の土地・収穫高などを調べ，耕作者に石高に応じて年貢を納めさせるようにした(漢字4字で書きなさい)。

②　一揆を防ぎ，耕作に専念させるため，百姓から武器を取り上げた。

(5)　上の文のころに栄えた，豪華で雄大な文化を何というか。

(6)　(5)の文化にあてはまらないものを，次のア～エから一つ選び，記号で答えなさい。

ア　千利休がわび茶を大成した。　　　イ　狩野永徳が屏風絵をえがいた。

ウ　雪舟が水墨画を大成した。　　　　エ　出雲の阿国がかぶきおどりを始めた。

9 産業の発達と幕府政治の動き

1 産業の発達

ドリル **P112**

① 農業の進歩

- **新田開発**による耕地増加…幕府や藩の奨励，用水路整備・
  干拓・開墾　_{→年貢の増加を図る}

- **技術の進歩**…備中ぐわ，千歯こき，唐箕，千石どおしなど
  _{→深く耕す}　_{→脱穀(だっこく)}
  の農具の発達。干鰯，油かすなどの肥料の発達。「農業全
  _{→いわしをほしたもの}
  書」もできる。

- **商品作物の栽培**…木綿・麻，藍・紅花，菜種。養蚕の普及。
  _{→現金収入を得る}　_{→染料}　_{→灯油}　_{→生糸}

② 諸産業の発達

- **鉱業**…採掘・精錬技術の進歩。佐渡(新潟県)，石見(島根県)，足尾
  (栃木県)，別子(愛媛県) ➡ 金貨(小判)，銀貨(丁銀，豆板銀)，銅
  貨(寛永通宝)　_{→銅山}　_{→金山}　_{→銀山}　_{→豆板銀}　_{→銅山}

- **水産業**…九十九里浜(千葉県)，土佐沖(高知県)，蝦夷地(北海道) ➡
  _{→いわし漁}　_{→かつお漁}　_{→にしん漁,こんぶ漁}
  17世紀末から俵物の輸出。塩田開発。
  _{→干しあわび, ふかひれなど}　_{→瀬戸内地方}

- **林業**…木曽(長野県)，秋田。
  _{→ひのき}　_{→すぎ}

- **特産品の生産**…酒，陶磁器，織物，漆器，鋳物。
  _{→とうじき}

③ 町人の台頭

- **交通の発達**…五街道・脇街道。新航路の開発。

- **都市の発達**…城下町，港町，門前町，宿場町。
  _{→寺社の周辺}

- **株仲間**…商人の同業者組合で営業を独占。
  _{→どくせん}

- **両替商**…東日本では金，西日本では銀の使用。金銀の交換
  で巨利を獲得 ➡ 大名に貸しつけ。

凡例
━━ 五街道
○ 城下町
● 幕府直轄都市

松前 / 弘前 / 盛岡 / 仙台 / 日光道中 / 東廻り航路 / 新潟 / 日光 / 白河 / 水戸 / 奥州道中 / 甲府 / 名古屋 / 甲州道中 / 江戸 政治の中心地 / 東海道 / 京都 文化の中心地 / 大阪 経済の中心地 / 中山道 / 西廻り航路 / 金沢 / 萩 / 広島 / 岡山 / 徳島 / 高知 / 南海路 / (菱垣廻船・樽廻船) / 長崎 / 佐賀 / 熊本 / 鹿児島

▲おもな都市と交通の発達

五街道
江戸を起点に，東海道・中山道・甲州道中(街道)・奥州道中(街道)・日光道中(街道)が整備され，宿場町が発達した。

海路の発達
大阪，江戸間を菱垣廻船，樽廻船が通った。河村瑞賢により，西廻り航路や東廻り航路が開かれた。

▲備中ぐわ

▲千歯こき

ミ ス に 注 意

★株仲間…幕府や藩の公認のもとで営業を独占した商工業者の同業者組合。室町時代の座と混同しないこと。

2 都市の繁栄と元禄文化

ドリル ▶P114

① 三都の繁栄
└→江戸・大阪・京都のこと

- **江戸**…政治の中心地。各藩の江戸
└→将軍のおひざもと
  屋敷 ➡ **人口100万人**を超す。
  └やしき └→18世紀はじめ

- **大阪**…経済の中心地。諸藩の**蔵屋**
  └しき └→天下の台所 └くらや
  敷 ➡ 各地の物産が集まる。
  └→年貢米などを販売するための倉庫・取引所

- **京都**…古くからの文化の中心地。
  西陣織や優れた工芸品。
  └にしじんおり └すぐ

② 元禄文化…上方中心の町人文化。
└かみがた

▲見返り美人図

- **文学**…**浮世草子** ➡ 井原西鶴「日本永代蔵」。
  └うきよぞうし └いはらさいかく └にっぽんえいたいぐら
  俳諧(俳句)の芸術性を高める ➡ 松尾芭蕉「奥の細道」
  └はいかい └町人、武士の生活をえがいた小説 └まつおばしょう └おくのほそみち

- **演劇**…町人文化の義理と人情をえがいた**人形浄瑠璃**の脚本
  └にんぎょうじょうるり
  ➡ 近松門左衛門「曾根崎心中」。歌舞伎の発達。
  └ちかまつもんざえもん └そねざきしんじゅう └かぶき

- **絵画**…装飾画 ➡ 俵屋宗達「風神雷神図屛風」、尾形光琳。
  └そうしょくが └たわらやそうたつ └ふうじんらいじんずびょうぶ └おがたこうりん
  浮世絵 ➡ 菱川師宣「見返り美人図」└→大和絵の伝統を生かす
  └うきよえ └ひしかわもろのぶ
  └→町人の生活をえがく

3 享保の改革と社会の変化
└きょうほう

ドリル ▶P116

① 綱吉と白石の政治
└つなよし └はくせき

- **徳川綱吉**…金銀貨幣の質を下げ、物価高になる。儒学を奨
  └とくがわ └→第5代将軍 └じゅがく
  励し、湯島聖堂を建てる。**生類憐みの令**を出す。└→特に朱子学
  └ゆしませいどう └しょうるいあわれ
  └→極端な動物愛護令

- **新井白石**…金銀貨幣の質をもとにもどす。長崎貿易の制限。
  └あらい └6・7代将軍が登用した儒学者。正徳の治 └金・銀の海外流出を防ぐ→

② 享保の改革…徳川吉宗の幕政改革。一時的に財政が立ち直る。
└→1716〜45年 └よしむね

- **財政政策**…質素・倹約を指示。**上げ米の制**。新田の開発。年
  └あ まい └けんやく
  貢の決め方を変える。
  └ぐ

- **公事方御定書・目安箱**…公正な政治をめざす。
  └くじかたおさだめがき └めやすばこ
  └→裁判の基準を定める └→民衆の意見を聞く

- **甘藷(さつまいも)の奨励**…飢饉対策。「甘藷記」青木昆陽など。
  └かんしょ └ききん └あおきこんよう

③ 社会の変化

- **貨幣経済の広がり**…農村でも貨幣が使われるようになり、
  └→商品作物の栽培や、農具や肥料の購入
  自給自足がくずれ、貧富の差が拡大した。
  └→小作人と地主

- **百姓一揆**…領主・代官に年貢の軽減や不正役人の罷免を要求。
  └ひゃくしょういっき └りょうしゅ └ひめん

- **打ちこわし**…都市の住民が米の買いしめや物価騰貴に抗議
  └うちこわし └とうき
  して大商人を襲う。
  └おそ
  └→米屋など

- **差別の強化**…えた・ひにんに対する統制の強化。

産業の発達と幕府政治の動き

| 1 | 200 | 400 | 600 | 800 | 1000 | 1200 | 1400 | 1600 | 1800 | 2000年 |

学習する年代 江戸時代

---

1 次の文の{ }の中から，正しい語句を選んで書きなさい。

(各6点×4　24点)

(1) 5代将軍の{ 徳川家光　徳川綱吉 }は，極端な動物愛護令の生類憐みの令を出した。

（空欄）

(2) 6代・7代将軍に仕えた儒学者の新井白石は，金・銀の海外流出をおさえるため，{ 長崎　新潟 }での貿易を制限した。

（空欄）

(3) 8代将軍徳川吉宗は，幕府の財政を立て直すため，武士に質素・倹約を命じ，人材を登用し，新田の開発を進めた。吉宗の行った改革を{ 享保　正徳 }の改革という。

（空欄）

(4) 吉宗は，公平な裁判を行うために{ 目安箱　公事方御定書 }を定めた。

（空欄）

---

2 江戸中期の生活・文化について，次の文の{ }の中から，正しい語句を選んで書きなさい。

(各6点×6　36点)

(1) 農具の技術が進歩し，脱穀を効率的にする{ 千歯こき　備中ぐわ }がつくられた。

（空欄）

(2) { 井原西鶴　千利休 }は浮世草子と呼ばれる小説で，町人の生活をえがいた。

（空欄）

(3) { 近松門左衛門　松尾芭蕉 }は，俳諧を和歌と対等の芸術に高めた。

（空欄）

(4) 町人の風俗を美しくえがく浮世絵を始めたのは，{ 尾形光琳　菱川師宣 }である。

（空欄）

(5) 商人は同業者組合の{ 株仲間　両替商 }をつくり，幕府や藩から許可を得て独占的な営業を行った。

（空欄）

(6) 農村では多くの村が団結し，領主に対して年貢の軽減や作物の自由な売買を要求して{ 打ちこわし　百姓一揆 }を起こし，大名の城下におし寄せることもあった。

（空欄）

3 次の略年表を見て，あとの問いに答えなさい。

(各8点×5　40点)

時代	年	政治・できごと	経済・社会・文化
①□ 時代	1680	②□…5代将軍 →これまでの政治体制を改め，忠孝や礼儀を重視した政策を行う ・湯島の聖堂に孔子をまつる ・質の悪い貨幣を発行…物価高 ・生類憐みの令 儒学者新井白石の政治（正徳の治） ・生類憐みの令を廃止 ・貨幣の質をもとにもどす ・長崎貿易の制限	④□ 文化…上方の町人中心 ・井原西鶴 ・近松門左衛門 ・松尾芭蕉 ・俵屋宗達 ・尾形光琳 ・菱川師宣 ▲見返り美人図 産業の発達，特産品，交通の整備 都市の発達…江戸，大阪，京都（三都）
	1716	③□…8代将軍 ・武士に質素・倹約 ・上げ米の制 ・目安箱の設置 ・公事方御定書の制定	▲大阪の蔵屋敷

(1) 年表中の①～④にあてはまる語句を書きなさい。

(2) 次の文の（　）にあてはまる語句を書きなさい。
　　元禄文化のにない手は，都市の繁栄を背景に，経済力を持った（　　　）であった。

□

書き込み
ドリル

9 産業の発達と幕府政治の動き
① 産業の発達

| 1 | 200 | 400 | 600 | 800 | 1000 | 1200 | 1400 | 1600 | 1800 | 2000年 |

学習する年代 江戸時代

基本

1 次の文の{ }の中から，正しい語句を選んで書きなさい。

✓ チェック P108 **1** ①，②（各5点×5 25点）

必出 (1) 幕府や藩は年貢の増加を図るために{ 荘園　新田　口分田 }の開発を奨励した。

(2) 農業技術も進歩し，{ 草木を焼いた灰　たい肥　干鰯 }が肥料として使われるようになった。

(3) 農村では換金を目的とした{ 麦　ひえ　菜種 }などの商品作物が生産されるようになった。

(4) 九十九里浜では，肥料の原料となる{ にしん漁　かつお漁　いわし漁 }がさかんに行われた。

(5) 塩田の開発が進んだのは，{ 瀬戸内地方　東北地方　関東地方 }だった。

2 次の文の◻にあてはまる語句を，下の◻から選んで書きなさい。

✓ チェック P108 **1** ②（各5点×5 25点）

採掘・精錬技術の発達によって，(1)◻の金山などの鉱山が開発され，(2)◻の銀山，(3)◻・別子の銅山などが発展した。産出される鉱物は(4)◻に鋳造されるとともに重要な輸出品となった。また各地では，酒・陶磁器・漆器・織物・鋳物などの(5)◻が生産されるようになった。

> 足尾　貨幣　特産品　石見　佐渡　江戸　商品作物

得点UP
コーチ↑

1 (1)用水路を建設し，干拓・開墾も進んだ。(5)塩田は降水量の少ない地方につくられた。

2 (1)新潟県。(2)島根県。(3)栃木県。(4)金貨・銀貨・銅貨などにされた。(5)土地の特性を生かして生産された。

発展

3 農業の発達について，次の問いに答えなさい。

✓ チェック P108 **1** ①（各5点×5　25点）

必出 (1) 右のグラフは，耕地面積の変化を示したものである。江戸中期の耕地面積は，安土桃山時代の約何倍になっているか。　　　　　　　　約 [　　　] 倍

万ha 0　100　200　300　400

室町時代

安土桃山時代

江戸時代　初期

江戸時代　中期

明治7年

(2) 江戸時代には，右下のA，Bのような農具が改良された。A，Bの農具の名称を書きなさい。

A [　　　　　　　　]

B [　　　　　　　　]

A

B

(3) 商品作物の中で，染料の原料として生産されたものを二つ書きなさい。

[　　　　　　　　]

[　　　　　　　　]

4 交通・都市の発達と町人の台頭について，次の問いに答えなさい。

✓ チェック P108 **1** ③（各5点×5　25点）

(1) 五街道の起点となった都市はどこか。　[　　　　　　　　]

(2) 日本海沿岸から下関を通り瀬戸内海をへて大阪にいたる航路を何というか。

[　　　　　　　　]

(3) 大きな寺社の周辺にできた都市を何というか。　[　　　　　　　　]

(4) 江戸時代に今日の銀行業務を行ったのはだれか。　[　　　　　　　　]

必出 (5) 幕府や藩の保護を受けた同業者組合を何というか。　[　　　　　　　　]

得点UP コーチ ↑

3 (2)A田畑を深く耕すことができる。Bは脱穀用の農具。(3)染料は布などを染めるのに使う。

4 (1)いずれも今日の東京日本橋が起点となっている。(3)長野の善光寺など。(5)座と混同しないこと。

⑨ 産業の発達と幕府政治の動き
② 都市の繁栄と元禄文化

| 1 | 200 | 400 | 600 | 800 | 1000 | 1200 | 1400 | 1600 | 1800 | 2000年 |

学習する年代 江戸時代

基本

1 次の文の{ }の中から，正しい語句を選んで書きなさい。

✓ チェック P109 **2** ①(各5点×6　30点)

(1) 江戸時代に政治の中心だった{ 鎌倉　京都　江戸 }は，人口が100万人を超す当時世界でも有数の大都市だった。

(2) 江戸時代，経済の中心地だった{ 江戸　大阪　堺 }には，全国の物産が集まった。

必出 (3) (2)には各藩の{ 上屋敷　蔵屋敷　江戸屋敷 }が建てられ，年貢米や特産品の取引が行われた。

必出 (4) (2)は，以上のことから{ 天下の台所　将軍のおひざもと　天子の都 }と呼ばれるようになった。

(5) 古くからの文化の中心地京都では，{ 西陣織　結城紬　琉球絣 }や優れた工芸品がつくられた。

(6) 三都とは{ 飛鳥・奈良・京都　水戸・名古屋・和歌山　江戸・大阪・京都 }をさして呼んだ。

2 次の文の□□□にあてはまる語句を，下の□□□から選んで書きなさい。

✓ チェック P109 **2** ②(各10点×3　30点)

17世紀末から18世紀初めになると，(1)□□□□が経済力を高め，かれらによって京都・大阪を中心とした(2)□□□□にははなやかな文化が生まれた。これは当時の年号から(3)□□□□文化と呼ばれた。

| 武士 | 百姓 | 町人 | 桃山 | 元禄 | 天平 | 上方 | 都 | 蝦夷地 |

得点UP
コーチ↗

1 (1)徳川家康が幕府を開いた都市。
(2)豊臣秀吉が壮大な城を築いた都市。
(5)応仁の乱で西軍が陣をはった場所。

2 (1)商業が発達した。(2)朝廷がある京都を中心に見て，上・下という語を使っている。

| 学習
日 | 月 | 日 | 得点 | 点 |

発展

3 元禄文化について，次の問いに答えなさい。

✓ **チェック** P109 **2** ②(各4点×10 40点)

必出 (1) 町人の生活をありのままにえがいた小説を書いたのはだれか。

(2) (1)のような作風の小説を何というか。

必出 (3) この時代，俳諧を芸術にまで高めたのはだれか。

(4) (3)が東北・北陸地方を旅行した際の紀行文をまとめたものは何か。

(5) 大和絵を生かした新しい技法で，「風神雷神図屏風」をえがいたのはだれか。

(6) 近松門左衛門がえがいた脚本の内容として，正しい文の記号を書きなさい。

　　ア　おごれるものもやがてほろびるという無常感をえがいた。

　　イ　商売に知恵をしぼる商人の様子を生々しくえがいた。

　　ウ　義理と人情の板ばさみになる男女の悲劇をえがいた。

(7) 近松門左衛門は何に使う脚本として，これらの作品を書いたか。

(8) かぶきおどりから発展し，民衆の娯楽となったものは何か。

(9) 右の絵をえがいた人物はだれか。

必出 (10) 右の絵のように町人のくらしをえがいたものを何というか。

- -

**得点UP
コーチ**

3 (3)俳句のもととなった連歌は，遊びとされていた。(6)アは「平家物語」に流れる思想。イは(1)の小説。(8)この時代に現代に見られるような形に完成した。

115

③ 享保の改革と社会の変化

1	200	400	600	800	1000	1200	1400	1600	1800	2000年

学習する年代 江戸時代

基本

1 次の文の{ }の中から，正しい語句を選んで書きなさい。

✓ チェック P109 **3** ③(各5点×4 20点)

(1) 農村でも農具や肥料の購入が進み，{ 貨幣経済　封建制度　自給自足 }がくずれてきた。

（解答欄）

(2) 手工業が発達し，資金や原料を前もって貸し，できた製品を引き取る{ 問屋制　工場制　家族制 }家内工業がさかんになった。

（解答欄）

必出 (3) 江戸中期以降，領主・代官などに年貢の減免などを要求する{ 一向一揆　徳政一揆　百姓一揆 }がさかんになった。

（解答欄）

(4) 都市では，米の買いしめなどにおこった住民が商家を襲う{ 一揆　米騒動　打ちこわし }が起こるようになった。

（解答欄）

必出 **2** 次の文の　　にあてはまる語句を，下の　　から選んで書きなさい。

✓ チェック P109 **3** ②(各5点×5 25点)

徳川吉宗は，家康の政治を理想として，幕府政治の改革を行った。まず，ぜいたくなくらしに慣れた武士をいましめるため，質素・(1)　　　　　　をすすめ，武芸を奨励した。また，町人の力をかりて(2)　　　　　　の開発を行ったり，(3)　　　　　　の率を引き上げたりして，財政の立て直しを図った。一方，政治においては，(4)　　　　　　を定めて公正な裁判をめざし，広く人々の意見を聞くために(5)　　　　　　を設置した。このような吉宗の政治改革により，幕府の財政は一時的に立ち直った。

公事方御定書	武家諸法度	目安箱	倹約	年貢	新田

**得点UP
コーチ**

1 (2)工業は，問屋制家内工業→工場制手工業→工場制機械工業と発達する。
(3)「徳政」は借金をなしにすること。

2 (1)むだをなくし，費用を切りつめること。(5)庶民は，要求や不満などを将軍に直訴できるようになった。

発展

3 次の文を読んで，下の問いに答えなさい。

✓ チェック P109 **3** ①，②（各5点×11　55点）

A {
将軍の信任を得て，財政の立て直しに努めた。

〔 ① 〕の質をよくして，〔 ② 〕の安定を図った。

長崎貿易を制限し，金・銀の海外流出をおさえた。
}

B {
儒学(じゅがく)を重んじ湯島聖堂(ゆしませいどう)を建てた。

質の悪い〔 ① 〕を多くつくらせたため，〔 ② 〕が上がった。

極端(きょくたん)な動物愛護令を出し，人々の不満を買った。
}

C {
武芸を奨励し，武士の精神を引きしめた。

長崎貿易において，キリスト教に関係のない漢訳(かんやく)洋書の輸入を許した。

大名に米を納めさせるかわりに，〔 ③ 〕の制度をゆるめた。

公正な裁判を行うため，〔 ④ 〕を定めた。

庶民の意見を政治に反映させるため，〔 ⑤ 〕を設置した。
}

(1) A〜Cは，それぞれだれの政治について述べたものか。人名を書きなさい。

A		B	
		C	

(2) 文中の〔　〕にあてはまる語句を書きなさい。

②		①	
④		③	
		⑤	

(3) Bの下線部について，この法令を何というか。

(4) Cの政治の改革を何というか。

(5) A〜Cを年代の古い順に並べかえよ。　　　→　　　→

. . . .

得点UP コーチ

3 (1)C米価の安定に気を配ったため，「米将軍」と呼ばれた。(2)②諸商品の価格のこと。③一時的に，江戸にいる期間を半年に縮めた。(5)Aは6，7代将軍に仕えた儒学者，Bは5代将軍，Cは8代将軍。

産業の発達と幕府政治の動き

まとめの ドリル

学習する年代 江戸時代

| 1 | 200 | 400 | 600 | 800 | 1000 | 1200 | 1400 | 1600 | 1800 | 2000年 |

1 産業や経済の発達について，次の問いに答えなさい。

✓ チェック P108 **1**，P109 **2** (各5点×8　40点)

(1) 次の文の◻にあてはまる語句を書きなさい。

　幕府や藩は，農民が納める ① ◻ を財政の基本としていた。そのため，百姓に対する統制を厳しくするとともに，収入の増加を図るため，② ◻ の開発を奨励した。

　一方，町人は比較的ゆるい統制しか加えられず，商業が発達するにつれて，経済的には武士を圧倒するようになっていった。各地の都市には，今日の銀行のような業務を行う ③ ◻ があらわれ，三井のような豪商になる者もいた。また，商工業者は，④ ◻ と呼ばれる同業者の組合をつくり，幕府や藩の保護を受けて営業を独占した。

(2) 次の文にあてはまる都市を，右の地図中のア〜ウから選び，記号と都市名を書きなさい。

① 「将軍のおひざもと」と呼ばれ，政治の中心地として栄えた。

◻ ・ ◻

② 「天下の台所」と呼ばれ，経済の中心地として栄えた。

◻ ・ ◻

(3) 五街道のうち，地図中のAの街道を何というか。

◻

(4) 地図中のウの都市には，右の写真のような建物が多く置かれた。諸藩が，年貢米や特産物を販売するために置いたこの建物を何というか。

◻

・・

得点UP コーチ↑

1 (1)③大名に借金を踏みたおされたりする一方で，藩の財政を任される者もいた。
(2)①18世紀のはじめには人口100万人を
こえる大都市になった。
(3)当時，最も重要な街道とされた。
(4)ここに派遣された役人を蔵役人という。

学習日　月　日　得点　点

9 産業の発達と幕府政治の動き

スタート
ドリル　書き込み
ドリル❶　書き込み
ドリル❷　書き込み
ドリル❸　まとめの
ドリル

2 17世紀末から18世紀半ばまでの政治について，次の問いに答えなさい。

✓ チェック P109 **3**（各6点×6　36点）

(1) 徳川綱吉の政治にあてはまるものをア～ウから選び，記号で答えなさい。

　ア　徳政令を出し，借金を帳消しにした。

　イ　大名に米を納めさせるかわりに，参勤交代を緩和した。

　ウ　質の悪い貨幣を大量につくらせた。

(2) 6，7代将軍に仕え，幕府の財政再建にあたった儒学者はだれか。

(3) (2)の人物が，長崎貿易を制限した目的は何か。{ 金　銀 }の語句を用いて簡潔に書きなさい。

(4) 徳川吉宗の政治について，次の文の◻︎にあてはまる語句を書きなさい。

　①　公正な裁判を行うため，　　　　　　　　　　を制定した。

　②　はば広く庶民の意見を聞くため，　　　　　　　　　　を設けた。

　③　吉宗の政治は，当時の年号から　　　　　　　　　　の改革と呼ばれる。

3 元禄文化について，次の文にあてはまる人名を書きなさい。

✓ チェック P109 **2**（各6点×4　24点）

(1) 浮世草子と呼ばれる小説で，町人の生活や考えをありのままにえがいた。

(2) 俳諧を芸術にまで高めた。

(3) 義理と人情に生きる町人のすがたを，人形浄瑠璃の脚本にえがいた。

(4) 浮世絵版画を始めた。

得点UP
コーチ↑

2 (1)物価の上昇をまねいた。(4)①江戸時代には，訴訟のことを「公事」といった。

3 (2)晩年に各地を旅行し，多くの紀行文を書いた。(3)代表作は「曾根崎心中」。

(4)代表作「見返り美人図」は肉筆画である。

10 幕府政治の行きづまり

1 幕府や諸藩の改革

ドリル P124

① 田沼意次の政治…商工業を活用して幕府財政の再建を図る。
　→老中(1772〜86年)

● 積極的な経済政策…株仲間結成の奨励，銅・海産物輸出の
　　　　　　　　　　 →特権をあたえる代わりに税を徴収 ←かんたく →長崎貿易での金銀流出を抑制
奨励，印旛沼・手賀沼の干拓，蝦夷地の開発計画，俵物の
　　　 いんばぬま　て がぬま →新田を増やす　　　　　　　　たわらもの
輸出の拡大。

● わいろ政治…大商人との癒着 ■》政治の乱れ。
　　　　　　　　　　　ゆちゃく

● 天明のききん…百姓一揆，打ちこわしの頻発 ■》田沼罷免。
　てんめい →1782年　ひゃくしょういっき　　ひんぱつ　　　 ひめん

② 寛政の改革…松平定信の幕政改革 ■》吉宗の改革を手本。
　かんせい　　　 まつだいらさだのぶ　ばくせい　　　　よしむね
　　　　　　　→老中(1787〜93年)。白河藩主。吉宗の孫

● 学問統制…幕府の学問所で朱子学以外の講義を禁止。
　　　　　　 →のちの昌平坂学問所 しゅしがく →寛政異学の禁 しょうひんさく

● 農村復興…都市に出てきた農民を故郷に帰らせる。商品作
物の栽培を制限。ききんに備え米などを倉にたくわえる。
もつ さいばい

● 武士の救済…旗本・御家人の札差への借金を帳消し。
　　　　　　　 はたもと ごけにん ふださし →年貢米を金にかえる商人

● 厳しい改革…支配層・民衆の不満が高まり失敗。

③ 諸藩の改革…財政
の立て直しを図る。

● 藩専売制…特産品
　はんせんばいせい
の生産奨励と専売制
で財政を立て直す。
米沢藩(山形県)の
よねざわはん
上杉鷹山や熊本藩の細川重賢など。
うえすぎようざん　　　　　　 ほそかわしげかた

松江藩
にんじん・鉄
宇和島藩 紙・ろう
長州藩 紙・ろう
佐賀藩
陶器
薩摩藩
砂糖
熊本藩
ろう・紙
姫路藩
木綿・石材
鳥取藩 ろう・鉄
福井藩 紙
八戸藩 塩
仙台藩 塩・鉄
会津藩 ろう
金沢藩 塩
尾張藩 木綿・陶器
高松藩 砂糖
徳島藩 あい
0　　200km

▲各藩の専売制

● その他…藩札の発行。家臣の俸禄(給料)を減らす。
　　　　　　 はんさつ →藩内だけで通用する貨幣　 ほうろく

2 新しい学問と化政文化

ドリル P126
　　　　　　 かせい

① 学問の進歩

● 儒学の変化…朱子学への批判 ■》陽明学(中江藤樹)。
　じゅがく　　　　　　　　　　　　 ようめいがく なかえとうじゅ
　　　　　　　　　　　　　　　　 →知行合一を説く あんどうしょうえき

● 封建制への批判…農村中心の平等社会を説く ■》安藤昌益。
　ほうけん　　　　　　　　　　　　　　　　　　 八戸(はちのへ)(青森県)の医者

● 国学…日本古来の文化を明らかにする。本居宣長が「古事記
　こくがく　　　　　　　　　　　　　　　　 もとおりのりなが　 こじき
伝」を書き，大成する。 ■》幕末の尊王思想に影響。
でん　　　　　　　　　　　　　　　　 そんのう　　 えいきょう

覚 え る と 得

寛政の改革の厳しさ
松平定信は吉宗の政
治を手本として，質
素・倹約をすすめ，ぜ
　　 けんやく
いたくや風紀の乱れ
を厳しく取りしまっ
た。そのため「白河の
　　　　　　 しらかわ
清きに魚のすみかね
　　 うお
て，元のにごりの田
沼こひしき」という狂
　　　　　　　　 きょう
歌さえ生まれた。白
か
河は，白河藩主の定
信を示す。

ききん
きょうさく　　 しゅうかく
凶作などで収穫がほ
とんどない状態。江
え
戸時代後期は天候不
ど
順や浅間山の噴火な
　　 あさまやま ふんか
どで大ききんがたび
たび起こった。

重要 テストに出る！

儒学では，主君に
忠義をつくし，親
に孝行するという
上下の道徳が重ん
じられた。そのた
め，幕府は林羅山
　　　　　 はやしらざん
を登用し，朱子学
を奨励した。

- **蘭学**…「解体新書」の出版 ▶ 前野良沢・杉田玄白ら。日
  └→オランダの解剖書「ターヘル・アナトミア」を翻訳。1774年刊
  本全図の作成 ▶ 伊能忠敬。発電機など ▶ 平賀源内。

② 教育の普及

- **寺子屋**…庶民の子弟に実用的な知識を教える。
  └→読み・書き・そろばん
- **藩校**…藩士の子弟に儒学などを教育 ▶ 藩政改革の一つ。
- **私塾**…緒方洪庵の適塾など各地に蘭学塾ができる。
  └→大阪につくられた蘭学塾。福沢諭吉などが学ぶ

③ 化政文化…江戸中心の町人文化。18世紀末から19世紀はじめ。

- **狂歌と川柳**…社会・政治の風刺，しゃれと皮肉が流行。
- **文学**…十返舎一九「東海道中膝栗毛」，曲亭(滝沢)馬琴「南総
  里見八犬伝」，鶴屋南北「東海道四谷怪談」。
  └→こっけい本 長編小説←┘ └→歌舞伎の脚本
- **俳諧**…与謝蕪村，小林一茶。
  └→自然美を表現 └→民衆の気持ちを表現 └→葛飾北斎
- **浮世絵**…喜多川歌麿 ▶ 美人画。葛飾北斎，
  └→多色刷りの版画である錦絵に発展
  歌川(安藤)広重 ▶ 風景画。
  └→「東海道五十三次」

3 外国船の接近と天保の改革 ▶ ドリル P128

① 外国船の接近…薪水給与と通商を求める。
  └→ロシア船が北方に数多くあらわれた→間宮林蔵の蝦夷地，樺太の調査

- **異国船打払令**…通商要求を拒否。海岸の防備
  を固め外国船を打ち払う(1825年)。
- **蛮社の獄**…幕府の対外政策を批判した渡辺崋
  山，高野長英らを処罰(1839年)。
  └→蘭学者
- **攘夷論**…外国勢力の撃退を主張 ▶ 尊王論
  └→国学の影響
  と結ぶ ▶ 尊王攘夷。

② 大塩平八郎の乱と社会の変動

- **天保のききん**…米価の高騰，餓死者。
  └→百姓一揆や打ちこわしが頻発
- **大塩の乱**…大塩平八郎が救済しない役所や大商人に怒り，
  大阪で挙兵。 ▶ 元役人の反乱に幕府は衝撃を受ける。
- **渋染一揆**…岡山藩の身分で身なりを制限する倹約令に反抗。
  └→えた・ひにんは，渋染か藍染の衣類に限る

③ 天保の改革…水野忠邦の幕政改革。
  └→1841〜43年 └→老中

- **倹約令**…ぜいたく品を禁じ，出版・風俗を取りしまる。
- **株仲間の解散**…物価引き下げをねらう。
- **農村復興**…出かせぎの禁止，江戸に出ている農民の帰村。
  └→人返し令
- **上知(地)令**…江戸・大阪周辺の土地を幕領にしようとする
  が，大名や旗本の反対にあい，失脚する。

覚えると得

シーボルトと鳴滝塾
オランダ商館のドイツ人医師シーボルトは，長崎郊外に蘭学塾を開きヨーロッパの学問を教えた。この塾生の中から，多くの蘭学者が育った。

▲赤富士(葛飾北斎「富嶽三十六景」)

| ロシア船 |
| イギリス船 |
| アメリカ船 |

根室
1792年 ラクスマン

1804年 1853年
レザノフ プチャーチン

1818年
イギリス船

浦賀

長崎

1808年
フェートン号

1837年 1853年
モリソン号 ペリー

▲外国船の来航

雄藩の成長
西日本の肥前藩，長州藩，薩摩藩などは，改革に成功し，幕府に対して発言力を持つようになった。特産品を専売にして外国と取引したり，反射炉などを建設して軍事力を強化した。

スタート ドリル

幕府政治の行きづまり

	1	200	400	600	800	1000	1200	1400	1600	1800	2000年

学習する年代 江戸時代

1 次の文の{ }の中から，正しい語句を選んで書きなさい。

(各6点×6 36点)

(1) 18世紀後半，老中の{ 新井白石 田沼意次 }は，商工業を利用した積極的な産業政策を進めた。

(2) (1)のあとに老中となった{ 松平定信 山田長政 }は，徳川吉宗の政治を理想として幕政の改革を行った。これを寛政の改革という。

(3) 1792年，ロシアの使節ラクスマンが蝦夷地の{ 根室 函館 }に来て，日本人の漂流民を送り届けるとともに，通商を求めた。

(4) 19世紀になると，日本近海に{ オランダ ロシア }やイギリスの船が来るようになったため，幕府は異国船打払令を出して外国船を砲撃した。

(5) 天保のききんが起こり多くの餓死者が出ると，大阪町奉行所の元役人であった{ 大塩平八郎 今川義元 }が乱を起こした。

(6) 1841年に老中の{ 明智光秀 水野忠邦 }は，幕府の力を回復させるために幕政の改革を行った。これを天保の改革という。

2 江戸時代後期の学問や文化について，次の文の{ }の中から，正しい語句を選んで書きなさい。

(各6点×4 24点)

(1) 仏教や儒教の影響を受ける以前の日本古来の精神を学ぶ国学を{ 石田三成 本居宣長 }が大成した。

(2) オランダ語の人体解剖書を翻訳して「解体新書」を出版した{ 伊能忠敬 杉田玄白 }らは，蘭学の基礎を築いた。

(3) 庶民の間にも教育への関心が高まり，農民や町人の子どもたちも{ 寺子屋 藩校 }で「読み・書き・そろばん」を勉強した。

(4) 18世紀末から19世紀はじめにかけての文化・文政年間に，文化の中心が上方から江戸に移った。このときの文化を{ 化政文化 元禄文化 }という。

10 幕府政治の行きづまり

スタート
ドリル | 書き込み
ドリル❶ | 書き込み
ドリル❷ | 書き込み
ドリル❸ | まとめの
ドリル

3 次の略年表を見て，あとの問いに答えなさい。

(各5点×8 40点)

時代	年	政治・できごと	経済・社会・文化
① ⬜ 時代		② ⬜ の政治 ・株仲間結成の奨励 ・印旛沼の干拓 ・俵物の輸出拡大	⑥ ⬜ オランダ語 の学問 ・前野良沢 ・杉田玄白 ・伊能忠敬 ▲「解体新書」の表紙
	1787	寛政の改革 ③ ⬜ の政治 ・商品作物の栽培の制限 ・幕府の学校で朱子学以外の 　学問の禁止	国学…本居宣長が大成 化政文化…江戸中心の町人文化 ・小説…十返舎一九，滝沢馬琴
	1825	異国船打払令	・浮世絵…喜多川歌麿，葛飾北斎
	1837	④ ⬜ の乱 …元役人が大阪で挙兵する	
	1841	天保の改革 ⑤ ⬜ の政治 ・株仲間の解散 ・上知(地)令	▲東海道五十三次 ⑦ ⬜ の浮世絵

(1) 年表中の①～⑦にあてはまる語句を書きなさい。

(2) この時代はどのようであったか。次の文の( )にあてはまる語句を書きなさい。
貨幣経済が全国に拡大したため，幕府も諸藩も( )難に苦しんでいた。

書き込み
ドリル

10 幕府政治の行きづまり

① **幕府や諸藩の改革**

学習する年代 江戸時代

| 1 | 200 | 400 | 600 | 800 | 1000 | 1200 | 1400 | 1600 | 1800 | 2000年 |

基本

1 次の文の{ }の中から，正しい語句を選んで書きなさい。

✓ **チェック** P120 **1** ①(各6点×5　30点)

必出 (1) 18世紀後半，老中となった①{ 水野忠邦　田沼意次　徳川吉宗 }は，商工業を利用して，幕府財政の再建を図ろうとした。しかし，②{ わいろ　倹約 }が横行し，政治が乱れた。

① _____

② _____

(2) 商人に，特権をあたえる代わりに税を徴収しようと，{ 座　市　株仲間 }の結成が奨励された。

_____

(3) 長崎貿易によって金銀が流出するのを抑制するために，{ 貿易類の制限　鎖国　銅・海産物輸出の奨励 }を行った。

_____

(4) これらの改革は，{ 天明　享保　天保 }のききんによる百姓一揆や打ちこわしの増加で失敗した。

_____

2 次の文の_____にあてはまる語句を，下の_____から選んで書きなさい。

✓ **チェック** P120 **1** ③(各7点×5　35点)

農村への (1) _____ 経済の浸透は，(2) _____ にたよっていた各藩の財政も悪化させた。質素・倹約を進め，家臣の (3) _____ を下げたりすることが行われた。特産品の生産を奨励して，藩がこれを (4) _____ し，大きな利益を上げて財政改革に成功する藩もあらわれた。熊本藩の (5) _____ や米沢藩の上杉鷹山が有名。

┌───┐
俸禄　　細川重賢　　金貨　　徳川光圀　　貨幣　　年貢米　　専売
└───┘

得点UP
コーチ

1 (1)①10代将軍のときの老中。(3)貿易額の制限は新井白石の政策。(4)享保は徳川吉宗のころの年号。天保は水野忠邦。

2 (1)農具や肥料を買うために使われるようになった。(3)「扶持」ともいう。

学習日　月　日　得点　点

発展

3 寛政の改革について，次の問いに答えなさい。

✓チェック P120 **1** ②（各5点×7　35点）

必出 (1)　田沼意次の後に老中の座について寛政の改革を推進した人物はだれか。

(2)　(1)の人物は，どのような基本方針で改革を進めようとしたか。次の文の中から正しいものの記号を書きなさい。

　ア　田沼意次の政策を継承し，商工業を活用して改革を行おうとした。

　イ　徳川綱吉のころの政治を理想とし，はなやかな文化を生み出そうとした。

　ウ　徳川吉宗の政治を手本とし，質素・倹約を重んじることをすすめた。

必出 (3)　幕府の学問所では，ある学問以外を講義することを禁じた。その学問とは何か，次の中から選び記号を書きなさい。

　ア　陽明学　　　イ　国学　　　ウ　朱子学　　　エ　蘭学

(4)　農村を復興させ，年貢米の徴収を確かにするために，栽培を制限したものは何か。

(5)　農村では倉に米をたくわえさせたが，これは何に備えるためのものだったか。

(6)　旗本・御家人の借金を帳消しにしたが，これはだれに対する借金だったか。

必出 (7)　寛政の改革の結果について，正しい文の記号を書きなさい。

　ア　幕府の財政は一時的に立ち直り，大名に対する支配力が強まった。

　イ　改革の厳しさが人々の反発を招き，老中を退いて改革は失敗した。

　ウ　大名や旗本の反発を抑えることで，朝廷と深い結びつきができた。

- - - - - - - - - - - - - - - - - - - -

得点UP コーチ

3 (1)白河藩主で徳川吉宗の孫にあたる人物。(2)(1)の人物は田沼意次の最大の政敵であった。(3)人々が幕府に反発しにくい考えを持つ学問は何か考える。(7)(1)の人物はわずか6年で老中の座を追われた。

10 幕府政治の行きづまり

② 新しい学問と化政文化

	1	200	400	600	800	1000	1200	1400	1600	1800	2000年

学習する年代 江戸時代

基本

1 次の文の{ }の中から，正しい語句を選んで書きなさい。

✓ チェック P120 **2** ①，P121 **2** ②，③(各4点×6 24点)

(1) 庶民の子どもは，{ 寺子屋　聖堂　藩校 }で読み・書き・そろばんを教わった。

必出 (2) 日本古来の文化を明らかにしようとする学問を，{ 儒学　国学　蘭学 }という。

必出 (3) 前野良沢・{ 安藤昌益　高野長英　杉田玄白 }らは，オランダ語の医学解剖書を翻訳し，「解体新書」を出版した。

(4) 小説では，{ 十返舎一九　本居宣長　井原西鶴 }が，町人の人情や風俗をこっけいにえがいた。

(5) 俳諧(俳句)では，{ 小林一茶　歌川広重　曲亭馬琴 }が，素朴な民衆の気持ちをよんだ。

(6) 浮世絵では，{ 伊能忠敬　与謝蕪村　葛飾北斎 }が，風景画をえがいた。

2 次の文の□□にあてはまる語句を，下の□□から選んで書きなさい。

✓ チェック P121 **2** ③(各7点×3 21点)

　18世紀末には，文化の中心が (1)□□□□□□に移り，成熟した町人文化が生まれた。これを (2)□□□□□□文化という。このころは，不安定な政治を反映して，皮肉やしゃれが喜ばれ，川柳や (3)□□□□□□が流行した。

京都	狂歌	元禄	江戸	化政	連歌	長崎

**得点UP
コーチ**

1 (2)「古事記」や「万葉集」などの古典が研究された。(4)代表作は，弥次郎兵衛と喜多八が登場する「東海道中膝栗毛」。

2 (1)「将軍のおひざもと」と呼ばれた。(2)文化・文政期の文化である。(3)和歌の形をかりて政治などを皮肉った。

2 新しい学問と化政文化

10 幕府政治の行きづまり

スタート
ドリル
書き込み
ドリル❶
書き込み
ドリル❷
書き込み
ドリル❸
まとめの
ドリル

学習
日　　月　　日　得点　　点

発展

3 教育の普及と新しい学問について，次の問いに答えなさい。

✓ **チェック** P120 **2** ①，P121 **2** ②(各5点×5　25点)

(1) 幕府の学問所にならい，諸藩が設けた学問所を何というか。

(2) 「古事記伝」を書き，国学を大成した人物はだれか。

(3) 西洋の天文学や測量術を学び，はじめて詳細な日本全図をつくった人物はだれか。

(4) 長崎に鳴滝塾をつくり，蘭学(洋学)の発展に貢献したドイツ人はだれか。

(5) 福沢諭吉などが学んだ，緒方洪庵の私塾を何というか。

4 化政文化について，次の問いに答えなさい。

✓ **チェック** P121 **2** ③(各6点×5　30点)

(1) 町人の文芸として流行した，政治や社会を皮肉るものを何というか。(2つ)

(2) 教訓的な長編小説「南総里見八犬伝」をあらわした人物はだれか。

(3) このころ，浮世絵は多色刷りの版画として広まった。この絵画を特に何と呼ぶか。

(4) 右の美人画の作者名はだれか。

**得点UP
コーチ**

3 (1)藩士の教育機関である。(4)オランダ商館の医者として来日し，高野長英ら，多くの門人を育てた。

4 (4)絵のタイトルは「ポッピンを吹く女」。

③ 外国船の接近と天保の改革

	1	200	400	600	800	1000	1200	1400	1600	1800	2000年

学習する年代 江戸時代

基本

1 次の文の{ }の中から，正しい語句を選んで書きなさい。

✓ チェック P121 **3** ①(各4点×4 16点)

(1) 19世紀になると，日本近海に通商を求めて{ オランダ船　中国船　ロシア船 }
やイギリス船などがあらわれるようになった。

〔　　　　　　　　〕

必出 (2) 幕府は{ 公事方御定書　徳政令　異国船打払令 }を出して海岸の防備を固め，
外国船を追い払おうとした。

〔　　　　　　　　〕

(3) このようななかで，漂流日本人を送り届けてきたアメリカ船が追い払われた事件を批
判した{ 国学者　儒学者　蘭学者 }が幕府から処罰された。

〔　　　　　　　　〕

(4) (3)の事件は{ 大塩の乱　打ちこわし　蛮社の獄 }と呼ばれる。

〔　　　　　　　　〕

2 次の文の　　にあてはまる語句を，下の　　から選んで書きなさい。

✓ チェック P121 **3** ②(各6点×5 30点)

1833〜39年にかけて全国を (1)〔　　　　　　　〕のききんがおそった。都市では
(2)〔　　　　　　　〕が高騰し，餓死者まで出る事態となった。このようななかで，幕府の無
策や (3)〔　　　　　〕の横暴に対し，もと幕府の役人だった (4)〔　　　　　　　〕
が挙兵し，幕府や世間に大きな衝撃をあたえた。

岡山藩では，差別を受けてきた人々が，藩の倹約令で身なりの差別がさらに強められた
ことに反対し，(5)〔　　　　　　　〕を起こした。

米価	天明	天保	大塩平八郎	平賀源内	大商人	渋染一揆

得点UP
コーチ↗

1 (1)オランダ船や中国船は長崎で通商を
行っていた。(2)1825年に出された幕府の
命令。

2 (1)天明のききんは田沼意次のころ。
(3)米を買いしめ，売りおしんで米価をつり
上げたのはだれか。

| 学習日 | 月 | 日 | 得点 | 点 |

発展

3 右の年表を見て，次の問いに答えなさい。

✓ **チェック** P121 **3** (各6点×9 54点)

(1) 年表中の**A**の目的として，正しい文の記号を書きなさい。　□

　ア　北海道を侵略しようとした。

　イ　日本に通商を求めた。

　ウ　オランダ船を追跡してきた。

年代	で　き　ご　と
1792	ロシア船が根室に来航する………A
1825	□ B □ が出される
1833	天保のききんが起こる(〜39)
1837	大塩の乱が起こる……………C
1839	蛮社の獄が起こる……………D
1841	天保の改革が始まる(〜43)……E

必出 (2) **B**に入る幕府の命令を書きなさい。

(3) **B**のような，外国勢力を撃退すべきという考え方を何というか。

(4) **C**が起こった都市名を書きなさい。

(5) **D**で処罰された人物でないのはどれか，記号を書きなさい。

　ア　杉田玄白　　　イ　高野長英　　　ウ　渡辺崋山

必出 (6) **E**について，次の文の□にあてはまる語句を書きなさい。

　このころ老中となった①□は，行きづまった幕府の財政を立て直すために政治の改革を行った。経済政策としては，厳しい倹約を命じるとともに，②□を解散させて，物価の引き下げを図った。また，農村再建のために，農民の③□への出かせぎを禁止し，農民を村に帰させた。しかし，厳しい改革は庶民の反発をまねき，江戸・大阪周辺の土地を直轄地とする政策には④□や旗本からも反対の声があがり，改革は2年あまりで失敗に終わった。

得点UP コーチ

3 (2)日本沿岸に近づく外国船を打ち払えという命令。(4)大塩平八郎はもと大阪町奉行所の役人で，陽明学者としても有名な人物だった。

(5)アは「解体新書」の出版者。

129

幕府政治の行きづまり

1 次の文を読んで，下の問いに答えなさい。

✓ チェック P120 **1**，P121 **3**（各6点×12　72点）

A { 厳しい倹約を命じ，出版や風俗を取りしまった。

農村からの出かせぎを禁止し，江戸にいる農民を村に帰らせた。

〔 ① 〕を解散させ，物価の引き下げを図った。

江戸や大阪周辺の土地を，幕府の直轄地にしようとした。

B { 幕府の学問所では，〔 ② 〕以外の講義を禁止した。

質素・倹約を命じ，武士の借金の一部を帳消しにした。

農村には，凶作やききんに備えて，米をたくわえさせた。

C { 商工業者が〔 ③ 〕を結ぶことを奨励し，特権をあたえる代わりに税を取った。

印旛沼や手賀沼の干拓を進めた。

銅や〔 ④ 〕の輸出を奨励し，長崎貿易の拡大を図った。

蝦夷地の開発を計画した。

(1) 文中の〔　〕にあてはまる語句を，下の　　　から選んで書きなさい（同じ語句を二度使ってもよい）。

① 　　　　　　　　　　　② 　　　　　　　　　　　

③ 　　　　　　　　　　　④ 　　　　　　　　　　　

| 座 | 銀 | 惣 | 朱子学 | 海産物 | 陽明学 | 株仲間 |

(2) A～Cは，それぞれだれが行った政治を述べたものか。あてはまる人名を書きなさい。

A 　　　　　　　　　　　B 　　　　　　　　　　　

C 　　　　　　　　　　　

(3) A，Bの政治の改革を，それぞれ何というか。

A 　　　　　　　　　　　

B 　　　　　　　　　　　

**得点UP
コーチ↑**

1 (1)①と③には同じ語句が入る。

(2)いずれも老中となった人物である。

(5)力をのばしていた商人を利用し，積極的

に経済政策を行ったが，一方で公然とわい
ろが行われていた。(6)Aは1841～43年，
Bは1787～93年，Cは1772～86年。

(4)　Bの下線部について，武士に金を貸していた，年貢米と金をかえる商人を何というか。

(5)　Cの政治の改革が失敗に終わった理由として，あてはまらないものを次のア～ウから一つ選び，記号で答えなさい。

ア　天明のききんが起こり，百姓一揆や打ちこわしが多発した。

イ　大商人と深く結びついた政治が非難された。

ウ　厳しい倹約を命じたため，人々の不満が高まった。

(6)　A～Cを年代の古い順に並べかえよ。　　→　　→

2　次の問いに答えなさい。

✓チェック P120 **2**（各7点×4　28点）

(1)　化政文化はどこを中心とした町人文化だったか。その都市名を書きなさい。

(2)　下の写真A～Cに関係の深い人物を書きなさい。（ただし，写真Bに関しては一人でよい。）

A　　　　　B

C

▲「大日本沿海輿地全図」

▲「解体新書」の表紙

▲「東海道五十三次」より

得点UPコーチ

2 (1)政治の中心地でもあった。(2)A 西洋の天文学や測量術を学び，日本全国の沿岸を歩いて測量した。Bオランダ語の医学解剖書「ターヘル・アナトミア」を翻訳して出版した。C「富嶽三十六景」の作者葛飾北斎と混同しないこと。

産業の発達と幕府政治の動き／幕府政治の行きづまり

1 右の年表を見て，次の問いに答えなさい。

✓ チェック P109 **3**，P120 **1**，P121 **3**（各5点×10　50点）

(1) 年表中の①～③の□□□にあてはまる人名を□□□
から選んで書きなさい。

①

②

③

大塩平八郎	新井白石
徳川吉宗	田沼意次

年代	で　き　ご　と
1680	徳川綱吉が将軍になる…………A
1709	① の正徳の治が始まる……B
1716	享保の改革が始まる……………C
1732	西国を中心にききんが起こる
1772	② が老中になる…………D
1782	天明のききんが起こる（～87）
1787	寛政の改革が始まる……………E
1825	異国船打払令が出される………F
1833	天保のききんが起こる（～39）
1837	③ が乱を起こす…………G
1841	天保の改革が始まる……………H

(2) **A**の将軍が出した生き物を大事にするように命
じた法令を書きなさい。

(3) **B**と**D**では，長崎貿易についての政策がとられた。その原因となった出来事について，
正しい文の記号を書きなさい。

　ア　オランダとの貿易で，キリスト教関係の書籍が輸入された。

　イ　日本の金銀が海外に流出した。

　ウ　海外に渡航する日本人があらわれた。

(4) **C・E・H**の改革の中心人物を書きなさい。　**C**

　　　　　　　　　　　　　　　　　　　　　　　　E 　　　　　　　　　**H**

(5) 19世紀になると，日本近海に外国船がひんぱんにあらわれるようになった。そのこと
に対して，最も関係することがらを**A**～**H**から選びなさい。

(6) 江戸時代後半の日本の様子で誤っている文の記号を書きなさい。

　ア　大きなききんがたびたび起こり，社会が不安につつまれた。

　イ　幕府の財政が苦しくなり，幕政の改革がたびたび行われた。

　ウ　外国との貿易がさかんになり，ヨーロッパの文物が流行した。

2 次の文にあてはまる都市を，右の地図中のア〜カから選び，記号と都市名を書きなさい。

✓ チェック P95 **3**，P109 **2**（完答で各6点×3　18点）

(1) 「将軍のおひざもと」と呼ばれた。

　　　　　　　・

(2) 「天下の台所」と呼ばれた。

　　　　　　　・

(3) 鎖国後も，唯一の外国貿易港として栄えた。

　　　　　　　・

3 次の文に関係の深い人物を，下の　　　から選んで書きなさい。

✓ チェック P109 **2**，P120 **2**（各4点×8　32点）

(1) 経済力をつけてきた町人のすがたを，浮世草子と呼ばれる小説にえがいた。

(2) 日本古来の文化を明らかにし，「古事記伝」をあらわして国学を大成した。

(3) 「東海道中膝栗毛」というこっけい本は，民衆の人気を得てベストセラーになった。

(4) 文学性の高い俳句をよんで，俳諧を芸術に高めた。

(5) 「東海道五十三次」などの風景画が錦絵と呼ばれる浮世絵の手法で出版された。

(6) 年をとってから天文学などを学び，日本全国を測量して日本全図を作成した。

(7) 義理と人情の板ばさみになる男女の悲劇を，人形浄瑠璃の脚本に書いた。

(8) 前野良沢らとともに「解体新書」を出版した。

本居宣長	伊能忠敬	十返舎一九	歌川（安藤）広重
井原西鶴	杉田玄白	松尾芭蕉	近松門左衛門

総合問題

政治

1　次の文を読んで，あとの問いに答えなさい

（各7点×5　35点）

　中国の歴史書には，最初　A　という名で日本が記述されている。例えば，そのころの日本には多くの「国」があり，邪馬台国の卑弥呼が　B　に使いを出したと書かれている。6世紀の終わりに政治を行ったC聖徳太子（厩戸皇子）は，蘇我氏と協力して政治制度を整えた。その後，大化の改新を行ったD中大兄皇子の没後，　E　に勝って即位した天武天皇が国号を「日本」と定めたといわれている。

(1)　A　，　B　にあてはまる語句を，それぞれ漢字1字で書きなさい。

A　　　　　　　　　　　　　　B

(2)　Cの人物が，仏教と儒教の考えを取り入れて，役人の心構えを示したが，これを何というか。

(3)　Dの人物の業績としてまちがっている文を一つ選び，記号を書きなさい。

ア　高句麗を助けるため，白村江に大軍を送った。

イ　中臣鎌足とともに蘇我氏をたおし，政権をにぎった。

ウ　土地と人民とを公地・公民とし，国家の直接の支配下に置こうとした。

(4)　E　にあてはまるできごととしてふさわしいものを一つ選び，記号を書きなさい。

ア　保元の乱　　イ　平治の乱　　ウ　承久の乱　　エ　壬申の乱

2　次の問いに答えなさい。

（各5点×4　20点）

(1)　二つの内乱に勝った平清盛は，武士としてはじめて何という役職についたか。

(2)　1333年に，鎌倉幕府をほろぼした天皇はだれか。また，この天皇が行った，公家中心の政治を何というか。

(3)　戦国時代は，何という乱から始まったか。

3 右の略年表を見て，次の問いに答えなさい。

（各5点×9　45点）

(1) Aのできごとは，今の何県で起こったか。県名を書きなさい。

年代	おもなできごと	
1600	関ヶ原の戦いが起こる…………………	A
1603	徳川家康が征夷大将軍となる………	B
1615	豊臣氏がほろびる…………………	C
1635	武家諸法度が改正される……………	D
1641	平戸の［ E ］商館を長崎の出島に移す	
1680	徳川綱吉が将軍となる	
1709	新井白石の政治…………………	ア
1716	享保の改革………………………	F
1772	田沼意次の政治	
1787	寛政の改革………………………	イ
1825	異国船打払令を出す……………	G
1841	天保の改革………………………	ウ

(2) Bは，どこに幕府を開いたか。

(3) Cの事件は，何と呼ばれているか。正しいものを一つ選び，記号を書きなさい。

ア 大阪の陣　　イ 文禄の役
ウ 慶長の役　　エ 島原・天草一揆

(4) Dの武家諸法度で，参勤交代が制度化されたが，そのときの将軍を一つ選び，記号を書きなさい。

ア 徳川秀忠　　イ 徳川家綱　　ウ 徳川家光

(5) ［ E ］にあてはまる国の名を書きなさい。

(6) Fの改革が行われた後の農村の様子として正しい文を一つ選び，記号を書きなさい。

ア 税をのがれるために口分田を捨て，他の土地に移るものがでた。

イ 貧しい農民の土地を手に入れる豪農と，土地を失ってしまう貧農との差が大きくなった。

ウ 物々交換の経済が浸透し，農村経済がくずれ始めた。

(7) Gの前より，日本の北方近海にあらわれるようになった国を一つ選び，記号を書きなさい。

ア ロシア　　イ フランス　　ウ アメリカ　　エ イギリス

(8) (7)に関して，蝦夷地などを調査した人物を一つ選び，記号を書きなさい。

ア 間宮林蔵　　イ 杉田玄白　　ウ 中江藤樹　　エ 細川重賢

(9) 次の風刺にあうものを年表のア～ウから一つ選び，記号を書きなさい。

白河の清きに魚のすみかねて，元のにごりの田沼こひしき

経済・社会

1 次の問いに答えなさい。

(各7点×4　28点)

(1) 次の歌について，あとの問いに答えなさい。

　　から衣　すそに取りつき　泣く子らを　置きてぞ来ぬや　母なしにして

① この歌は，何時代につくられたか。

② この歌は，九州の北部を守る兵士がつくった。この兵士を何というか。

③ このころの農民の負担として誤っている文を一つ選び，記号を書きなさい。

ア　調は成年の男子にかけられるもので，地方の特産物が納められた。

イ　租は稲を納めるもので，収穫の約3％であった。

ウ　庸は成年の男女にかけられ，都での労役のかわりであった。

(2) 墾田永年私財法によっておこった社会の変化について，正しい文を一つ選び，記号を書きなさい。

ア　班田収授法が，全国規模で実施されるようになった。

イ　貴族や大寺院が進んで開墾を行い，私有地が増加していった。

ウ　進んで開墾する有力農民が増え，中央集権がすすんだ。

2 平安時代の人々の生活について，次の問いに答えなさい。

(各6点×3　18点)

(1) 8世紀末から9世紀にかけて，朝廷の支配に従わない東北地方の人々を何と呼んだか。

(2) 社会の乱れや災害から，人々の不安が増大し，死後に極楽に生まれかわることを願う信仰を何というか。

(3) 新たに土地を開墾したり，寄進されて，有力な貴族や寺社は私有地を広げた。この私有地は何と呼ばれたか。

3 次の問いに答えなさい。

(各6点×3　18点)

(1)　次の法令が出された背景として誤っている文を一つ選び，記号を書きなさい。

　　領地の質入れや売買は，御家人の生活が苦しくなるので，今後は禁止する。

　ア　元寇後，御家人は十分な恩賞が得られなかった。

　イ　幕府は公家を重んじ，宮殿をつくる税を御家人からも取り立てた。

　ウ　御家人は領地の分割相続により，生活が苦しくなった。

(2)　室町時代に農民が土倉や酒屋をおそったのはなぜか。その理由を解答欄にあうように
　　書きなさい。　　　　土倉や酒屋が

(3)　豊臣秀吉が刀狩令を出したのは，百姓による何を防ぐためだったか。

4 次の文を読んで，あとの問いに答えなさい。

(各6点×6　36点)

　　江戸幕府は百姓を，土地を持つと同時に納税の役割を負う　ⓐ　と，土地を持たない
　ⓑ　に分け，前者を中心とする共同体へと村を再編していった。また，ⓒ農具も改良さ
れ，農業の技術書もつくられて，進んだ地域の農業技術が各地に伝えられた。百姓たちは，
年貢を納めるための作物だけでなく，売って現金収入を得ることのできるⓓ商品作物も栽
培するようになった。

(1)　ⓐ，ⓑにあてはまる語句を書きなさい。

　　　　　　　　　　　　　ⓐ　　　　　　　　　　　　　　ⓑ

(2)　年貢納入や犯罪に関して，連帯責任を負う仕組みを何というか書きなさい。

(3)　下線部ⓒについて，次の文にあてはまる農具の名前を書きなさい。

　①　深く耕すことができる。

　②　脱穀を効率的にする。

(4)　下線部ⓓについて，染料に使われる作物を一つ選び，記号を書きなさい。

　ア　菜種　　イ　紅花　　ウ　木綿　　エ　養蚕

総合問題

文化

1 次の(1)～(3)の文明を何というか。下のア～オから一つずつ選び，記号を書きなさい。

(各6点×3　18点)

(1) この地域では，くさび形文字が発明され，月の満ち欠けをもとにした太陰暦のほか，7日を1週間とすることや，時間を60進法ではかることも考え出された。

(2) この地域では，アーリヤ人が侵入し，先住民を征服して奴隷とし，神官を最高の身分とする厳しい身分制度をつくった。紀元前5世紀ごろになると，シャカ(釈迦)があらわれ仏教を開いた。

(3) 紀元前16世紀ごろ，この地域を統一する王朝が起こり，優れた青銅器や，甲骨文字をつくった。紀元前8世紀ごろには，いくつもの国に分かれ，たがいに争うようになった。

ア　エジプト文明　　イ　インダス文明　　ウ　メソポタミア文明

エ　中国文明　　　　オ　ギリシャ文明

2 次の問いに答えなさい。

(各6点×4　24点)

(1) 聖徳太子(厩戸皇子)と最も関係の深い寺院を一つ選び，記号を書きなさい。

ア　銀閣　　イ　東大寺　　ウ　法隆寺

(2) 日本にわたろうとして何度も遭難し，盲目になりながら来日し，正しい仏教の教えを広めた唐の僧が建てた寺院を一つ選び，記号を書きなさい。

ア　薬師寺　　イ　唐招提寺　　ウ　興福寺

(3) 国風文化の時代の文学作品でないものを一つ選び，記号を書きなさい。

ア　源氏物語　　イ　土佐日記　　ウ　新古今和歌集

(4) 室町時代に生まれた建築様式で，禅宗寺院の建築様式を武家の住居に取り入れたものを何というか。

3 桃山文化について，次の問いに答えなさい。

(各8点×2　16点)

(1) 桃山文化は豪華で雄大であるといわれている。それを説明した次の文の（　）にあてはまる語句を，漢字で書きなさい。

代表的な建物として（　）が高くそびえる姫路城がある。

(2) 桃山文化を代表する，屏風やふすまにはなやかな絵をえがいた人物を次から選び，記号を書きなさい。

ア　菱川師宣　　イ　狩野永徳　　ウ　尾形光琳

4 江戸時代の学問や文化について，次の問いに答えなさい。

(各7点×6　42点)

(1) 徳川綱吉の時代の文化の様子を述べた文として正しいものを一つ選び，記号を書きなさい。

ア　近松門左衛門は，義理と人情の板ばさみに苦しむ男女をえがいた。

イ　政治や世の中を風刺した川柳・狂歌がもてはやされた。

ウ　風景画に葛飾北斎や歌川(安藤)広重が出て，浮世絵の人気が絶頂に達した。

(2) 「風神雷神図屏風」の作者を一つ選び，記号を書きなさい。

ア　俵屋宗達　　イ　喜多川歌麿　　ウ　雪舟　　エ　小林一茶

(3) 18世紀後半に本居宣長が大成した，日本独自の学問を何というか。

(4) (3)と同じころ，杉田玄白らがオランダ語の医学解剖書を翻訳し，蘭学の基礎を築いた。この解剖書を日本語で何というか。

(5) 19世紀はじめの文化・文政年間の文化としてあてはまるものを一つ選び，記号を書きなさい。

ア　井原西鶴は，町人や武士の生活・心情をありのままにえがいた。

イ　堺の商人，千利休は茶の湯を広め，これをわび茶として大成した。

ウ　伊能忠敬は測量術を身につけ，日本全国の沿岸の地図をつくった。

(6) 東海道を旅する庶民をこっけいにえがいた「東海道中膝栗毛」をあらわした作家を一つ選び，記号を書きなさい。

ア　曲亭(滝沢)馬琴　　イ　小林一茶　　ウ　十返舎一九

さくいん

140

142

「中学基礎100」アプリ 5科4択 で,
スキマ時間にもテスト対策!

問題集　　アプリ

＼ 日常学習 ／
テスト1週間前
『中学基礎がため100%』
シリーズに取り組む!

＼ 定期テスト直前! ／
テスト必出問題を
「4択問題アプリ」で
チェック!

アプリの特長

『中学基礎がため100%』の
5教科各単元に
それぞれ対応したコンテンツ!
＊ご購入の問題集に対応した
コンテンツのみ使用できます。

テストに出る重要問題を
4択問題でサクサク復習!

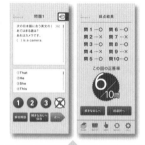

間違えた問題は「解きなおし」で,
何度でもチャレンジ。
テストまでに100点にしよう!

＊アプリのダウンロード方法は,本書のカバーそで(表紙を開いたところ),または1ページ目をご参照ください。

中学基礎がため100%

できた! 中学社会
歴史　上

2021年3月　第1版第1刷発行
2024年5月　第1版第5刷発行

発行人／志村直人
発行所／株式会社くもん出版
〒141-8488
東京都品川区東五反田2-10-2　東五反田スクエア11F
☎ 代表　　　03(6836)0301
　　編集直通　03(6836)0317
　　営業直通　03(6836)0305

印刷・製本／TOPPAN株式会社

デザイン／佐藤亜沙美(サトウサンカイ)
カバーイラスト／いつか
本文デザイン／笹木美奈子・岸野祐美(京田クリエーション)
編集協力／株式会社カルチャー・プロ

©2021　KUMON PUBLISHING Co.,Ltd. Printed in Japan
ISBN 978-4-7743-3126-3

くもん出版ホームページ　　https://www.kumonshuppan.com/

＊本書は『くもんの中学基礎がため100%　中学社会　歴史編　上』を
　改題し,新しい内容を加えて編集しました。

公文式教室では、
随時入会を受けつけています。

KUMONは、一人ひとりの力に合わせた教材で、
日本を含めた世界60を超える国と地域に「学び」を届けています。
自学自習の学習法で「自分でできた!」の自信を育みます。

公文式独自の教材と、経験豊かな指導者の適切な指導で、
お子さまの学力・能力をさらに伸ばします。

お近くの教室や公文式
についてのお問い合わせは

0120-372-100
ミンナニ　ヒャクテン

受付時間 9:30〜17:30　月〜金（祝日除く）

教室に通えない場合、通信で学習することができます。

| 公文式通信学習 | 検索 |

通信学習についての
詳細は

0120-393-373

受付時間 10:00〜17:00　月〜金(水・祝日除く)

お近くの教室を検索できます　　| くもんいくもん | 検索 |　

公文式教室の先生になることに
ついてのお問い合わせは

0120-834-414

| くもんの先生 | 検索 |　

　公文教育研究会

公文教育研究会ホームページアドレス
https://www.kumon.ne.jp/

歴史のまとめ

時代	弥生時代	古墳時代	飛鳥時代	奈良時代	平安

	200	300	400	500	600	700	800	900

政治・経済

邪馬台国

大和政権の統一

聖徳太子の政治

律令政治

摂関

文化

飛鳥　天平

（☐は日本独自の文化）

中国

後漢	魏・呉・蜀	晋	五胡十六国	南北朝	隋	唐	五代 |→

中国・朝鮮との関係

● 大陸文化の伝来

● 遣隋使

● 遣唐使

● 遣唐使の停止

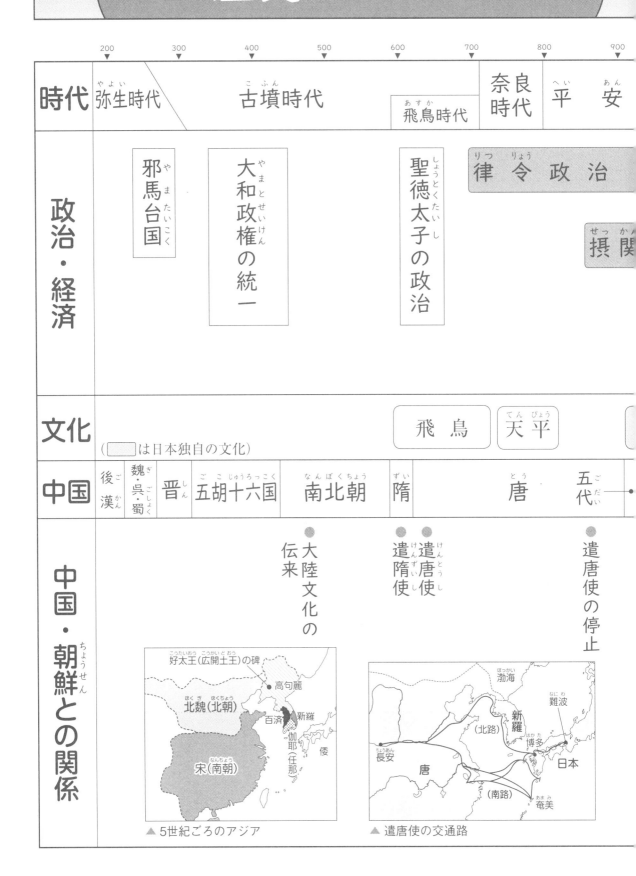

好太王（広開土王）の碑
高句麗
北魏（北朝）
百済　新羅
伽耶（任那）
倭
宋（南朝）

▲ 5世紀ごろのアジア

渤海
難波
新羅
（北路）
博多
長安
唐
日本
（南路）
奄美

▲ 遣唐使の交通路

中学基礎がため100%

できた！中学社会

歴史 上

別 冊
解答と解説

スタートドリル P,6,7

1 (1) 打製石器 (2) 新人
(3) エジプト文明 (4) 甲骨文字（こうこつ）

2 (1) 始皇帝（しこうてい） (2) 漢（かん）
(3) シルクロード
(4) アレクサンドロス (5) ローマ
(6) コロッセオ (7) イエス

考え方 (4) アレクサンドロスは，ギリシャ
北部にあった古代王国マケドニアの
王。紀元前4世紀に，ガンジス川西
岸まで支配した。

3 (1) ① 猿人（えんじん） ② 古代
③ 始皇帝 ④ キリスト
(2) 道具

考え方 (I) ① 猿人に比べて新人の脳の大
きさは2.5 ～ 4.5倍に増えた。

1 人類のおこりと古代文明 P.8,9

1 (1) 前あし (2) 新人
(3) 打製石器 (4) 新石器時代

考え方 (3) 旧石器時代は打製石器，新石器
時代は磨製石器（ませい）が使われた。
(4) 地域の環境により差はある。例
えば，新石器時代にあたる日本の縄
文時代（もん）には，基本的に農耕や牧畜（ぼくちく）は
行われず，金属器の使用もなかった。

2 (1) 食料 (2) 身分
(3) 青銅器（せいどうき） (4) 文字
(5) 太陽暦（れき）・太陰暦（たいいん）

考え方 (I)・(2) 農耕によって生産される穀
物は貯蔵が容易であり，また，通年

で計画的に生産することから指導者
が生まれた。
(3) 最初に使用された金属器は青銅
器である。
(5) エジプト文明では太陽暦が使わ
れ，他の文明の多くは太陰暦が使わ
れた。

3 (1) A ナイル川
B ユーフラテス川
C インダス川 D 黄河（こうが）（ホワンホー）
(2) A 太陽暦 B くさび形（がた）文字
C インダス文字 D 儒教（じゅきょう）

考え方 (I) 大河の流域は肥よくな土地が広
がり，農耕に適していた。
(2) A 太陽の運行からつくられた
暦（こよみ）。太陰暦は月の満ち欠けからつく
られた。 C アーリヤ人の侵入（しんにゅう）に
よって，インダス文明はほろびた。
D 春秋時代（しゅんじゅうじだい）（紀元前770～221年）
の孔子（こうし）の教えを体系化したもの。

4 (1) エジプト文明 (2) 中国文明（ちゅうごく）
(3) インダス文明

考え方 (I) エジプト文明では王は神であり，
生前から巨大（きょだい）な墓（ピラミッド）がつ
くられた。
(2) 亀（かめ）の
甲（こう）や牛の
骨などに
刻まれた
文字。漢
字のもと
になった。

目 米 牛

▲甲骨文字

(3) 都市国家の遺跡（いせき）。水道などの公
共施設（しせつ）もあった。

１ (1) 秦の始皇帝　(2) 万里の長城
(3) 漢の武帝　(4) シルクロード

考え方 (1) はじめて中国全土を統一した皇帝という意味で，始皇帝と名乗った。
(4) 中央アジアを通って，中国とヨーロッパを結んだ。

２ (1) ポリス　(2) スパルタ
(3) 民主政　(4) ローマ

考え方 (1)・(2) アテネとスパルタは，主導権をめぐって争った。
(3) 都市の広場で民会と呼ばれる集会が開かれ，政治が決められた。
(4) 初期には民主政がとられたが，やがて帝政となった。

３ (1) Ａ　ローマ　　Ｂ　漢（前漢）
(2) シルクロード（絹の道）
(3) 絹織物

考え方 (1)・(2) 紀元前2世紀ごろ，東に漢，西にローマが栄えたことから，東西の交流が活発になった。
(3) 西方からはぶどうや馬がもたらされた。

４ (1) アレクサンドロス大王
(2) ヘレニズム文化　(3) ローマ
(4) ローマ法

考え方 (1) ギリシャ北方のマケドニアの王であったが，ギリシャを統一し，ペルシャをほろぼし，インドにまで達する大帝国をつくった。
(2) ヘレニズムとは，ギリシャ風の文明という意味。

１ (1) シャカ　(2) イエス
(3) ムハンマド　(4) コーラン

考え方 (1) シャカは，紀元前5世紀ごろにインド（今のネパールの南部）で生まれた。
(2) イエスの生まれたパレスチナとは，西アジアの地中海に面した地域にある。
(3) ムハンマドは，今のアラビア半島で生まれた。

２ (1) バラモン　(2) 仏教
(3) ユダヤ教　(4) キリスト教
(5) イスラム教　(6) アラー

考え方 (1)・(2) 当時インドでは，バラモンを最高位とするカーストという身分制度があった。シャカはこの身分制度を批判し，人はみな平等であるとし，仏教を開いた。
(5)・(6) ユダヤ教・キリスト教の影響を受けたムハンマドは，唯一神のアラー（アッラー）を信じることの大切さを説いてイスラム教を開いた。

３ (1) ① キリスト教　② 仏教
③ イスラム教　(2) ① 仏教
② キリスト教　③ イスラム教
(3) ① キリスト教　② イスラム教
③ 仏教　(4) ① イスラム教
② 仏教　③ キリスト教

考え方 (3) ③ 仏教は，中央アジアから中国に伝わり，その後朝鮮，日本に伝わった。
(4) ① イランのイマームモスクが有名。　② ミャンマーのアーナンダー寺院などが有名。　③ フランスのノートルダム大聖堂が有名。

まとめのドリル

P.14,15

1 (1) ① エジプト文明

② Aの文明：ナイル川

中国文明：黄河

(2) 青銅器

(3) ① 象形文字　② くさび形文字

③ 甲骨文字　(4) モヘンジョ・ダロ

(5) ① シャカ（釈迦）　② 孔子

考え方 (3) ③ 甲骨文字も象形文字の一種
だが，亀の甲や牛の骨に刻まれたも
のが残っていることから，このよう
に呼ばれている。

2 (1) ① ポリス　② アテネ

③ アレクサンドロス　④ イエス

(2) ⑦ ヘレニズム文化

④ キリスト教

考え方 (1) ① 各地のポリスは独立した国
家であったが，オリンピアの神を信
仰するなど共通の基盤を持ち，他民
族の侵攻には連合して戦った。

(2) ④ キリスト教はユダヤ民族が
信仰したユダヤ教をもとに生まれた。

3 (1) 始皇帝　(2) 武帝

考え方 (1) 当時中国にあった，韓・魏・
趙・斉・楚・燕・秦のうち，秦が他
の六諸侯をほろぼして中国を統一し
た。

2 古代日本の成り立ち

スタートドリル

P.18,19

1 (1) 氷河時代　(2) オオツノジカ

(3) たて穴住居　(4) 九州

(5) 青銅器　(6) 吉野ヶ里遺跡

考え方 (2) 巨大なツノを持った大型のシカ
で，縄文時代早期まで生き残ってい
たと考えられている。

(4) 紀元前4世紀ごろに九州北部に
伝えられた稲作の技術は，紀元前後
には青森県にまで達した。

(6) 吉野ヶ里遺跡は，二重の堀に囲
まれた約40万m²におよぶ，日本列
島最大の環濠集落である。

2 (1) 大仙古墳　(2) 埴輪

(3) 百済　(4) 仏教

考え方 (1) 日本最大の大仙古墳は，1人1
日1m³の土を運ぶとして，1000人
が働いても完成までに約4年かかる
という。

(4) 4世紀ごろ朝鮮半島に伝わった
仏教は，6世紀に日本に伝わった。

3 (1) ① 縄文　② 弥生　③ 古墳

④ 奴国　⑤ 邪馬台国

⑥ 卑弥呼　⑦ 縄文　⑧ 弥生

⑨ 大仙（大山，仁徳陵）古墳

(2) 大王

考え方 (1) ② 東京都文京区弥生で最初に
発見されたので，弥生土器と名づけ
られ，この時代を弥生時代という。

(2) 熊本県の江田船山古墳から出土
した太刀にワカタケル大王の文字が
あることから，5世紀には大和政権の
王を大王と呼んでいたと考えられて
いる。

① 日本の原始時代

P.20,21

1 (1) 氷河時代　(2) ユーラシア大陸

(3) ナウマン象　(4) 打製石器

(5) 岩宿遺跡

考え方 (1)・(2) 地球の寒冷化のため両極地方の海水が氷となり，海水面が現在よりも100m以上も低かった。

(3) 体毛が多く耳が小さいなど，寒冷地に適していた。約1万5000年前に絶滅した。野尻湖での発掘が有名。

2 (1) 縄文土器 (2) 狩りや採集
(3) 貝塚 (4) 土偶

考え方 (1) 土器をつくるときに，ひも状のものやへらを押しつけて文様がつけられた。

(3) ごみ捨て場というよりは，生命のなくなったものを捨てた場所と考えられている。水辺では重要な食料が貝であったことがわかる。

3 (1) 岩宿遺跡 (2) 約1万年前
(3) イ

考え方 (1) 岩宿遺跡発見以前は，日本には旧石器時代はなかったというのが考古学の通説だった。

4 (1) たて穴住居 (2) 貝塚
(3) (例) 食料が豊富にとれたから。

考え方 (2) アメリカ人のモースによって日本で最初に発掘調査が行われた，東京都にある大森貝塚が有名。
(3) 磨製石器が使われていたが，一般的には農耕や牧畜は始まっていなかった。

② 弥生時代 P.22,23

1 (1) 稲作 (2) 九州北部
(3) 青銅器 (4) 石包丁
(5) 高床倉庫

考え方 (3) すずと銅の合金。世界史では青銅器時代の後に鉄器時代となるが，日本にはほぼ同時に伝わった。そのため鉄器はおもに工具や武器に，青銅器は実用品でなく宝物に使われた。

2 (1) 貧富の差 (2) 身分の差
(3) 国 (4) 中国の皇帝
(5) 邪馬台国

考え方 (4) 当時，朝鮮半島は中国の支配下にあり，役所が置かれていた。東アジアは中国を中心とした国際秩序ができつつあり，倭と呼ばれた当時の日本は，その東の辺境にあった。

3 (1) 弥生土器 (2) イ
(3) 銅鐸 (4) (例) 祭りのための宝物

考え方 (1) 縄文土器に比べて薄手でかたかった。
(3)・(4) 銅鐸が具体的にどのように使われたかは不明であるが，祭器であろうと想像されている。

4 (1) 奴国 (2) 後漢（漢）
(3) 卑弥呼 (4) 倭人伝（魏志倭人伝）

考え方 (1) 金印が博多湾の志賀島で発見されたことから，現在の福岡市付近にあったと考えられている。

③ 古墳文化と国土の統一 P.24,25

1 (1) 王 (2) 前方後円墳
(3) 埴輪 (4) 玉や鏡

考え方 (1) 多くの人々を動員して工事を行わせる力と技術を持っていた。
(2) 前方後円墳は日本独特の古墳の形式と言われていたが，朝鮮半島にも存在することが確認されている。

(3) 土留めに使われた円筒埴輪と，人や生き物，物などをかたどった形象埴輪がある。

2 (1) 奈良県　(2) 5　(3) 大王
(4) 氏

考え方 (3) 大王は，7世紀後半ごろから天皇と呼ばれるようになった。
(4) 豪族は，血縁関係を核とした氏という集団を組織していた。

3 (1) 倭　(2) 百済
(3) 新羅・高句麗　(4) 宋（南朝）
(5) イ　(6) 渡来人　(7) イ・エ
(8) 仏教

考え方 (2) 朝鮮古代の国名で，都は今のソウルの近くにあった。
(4) 当時南朝の王朝は宋。北朝の王朝は遊牧民族であったため，漢民族である南朝を正統な中国皇帝とした。

まとめのドリル　P.26,27

1 (1) ① B　② A　③ C
(2) 吉野ヶ里遺跡　(3) 貝塚
(4) 古墳　(5) 大仙（大山，仁徳陵）古墳
(6) 渡来人　(7) 仏教　(8) A 土偶
B 銅鐸　C 埴輪

考え方 (1) ①狩猟・採集生活から農耕生活へ移り，生産が増加して貧富・身分の差ができた。
(6) 大陸で戦乱が激しくなり，日本に移り住む人々が増えた。

2 (1) エ　(2) ウ　(3) イ
(4) 邪馬台国　(5) エ　(6) ア
(7) 九州北部
(8) C→F→E→D→B→A

考え方 (1)・(2) 伽耶は朝鮮半島南部の小国が分立していた地域。
(3) 日本は2万5000年前の磨製石器が発見されている

▲5世紀の朝鮮半島

が，農耕は始まらなかった。文明の発展の仕方はその土地の環境によって違った。
(7) 稲作とともに伝わった金属器は，青銅器と鉄器。

定期テスト対策問題　P.28,29

1 (1) A・ウ　(2) B・エ
(3) C・イ　(4) D・ア

考え方 (1) エジプト文明では，強大な権力を持った王が神とされ，ピラミッド，スフィンクスがつくられた。
(2) メソポタミアとは「二つの川の間」という意味で，チグリス川・ユーフラテス川流域のことをさす。
(3) インダス文明の重要な遺跡は，モヘンジョ・ダロのほかにハラッパーがある。アーリヤ人の侵入によってほろびた。
(4) 中国の黄河，長江流域に起こった文明。現在知られている中国最古の王朝として，殷があったことは当時の都の遺跡といわれる，殷墟の発掘などであきらかになっている。

2 (1) スパルタ→アテネ
(2) 中国→インド
(3) インド→エジプト
(4) 綿の道→絹の道（シルクロード）

考え方 (1) ギリシャのポリスのすべてで民主政が行われていたわけではない。スパルタは王政で，征服した多くの先住民をポリス共有の農耕奴隷として支配した。また，「スパルタ教育」という言葉があるように，質実剛健で軍団主義のポリスだった。
(2) アレクサンドロスはインドまで達したが，病死して遠征は中止された。
(3) オリエントはラテン語で「太陽ののぼるところ」の意味。インドはふくまれていない。
(4) ヨーロッパでは貴重だった中国産の絹織物が運ばれたことからこの名がついた。

3 (1) イ　　(2) ア
(3) ウ

考え方 (1) 奴国の国王が中国の皇帝（後漢の光武帝）から金印を授かったのは1世紀のこと。倭王武が南朝の宋に使いを送って朝鮮半島南部の指揮権を認めてもらおうとしたのは5世紀のこと。平城京の建設は8世紀のこと。
(2) 「漢委奴国王」と刻まれた金印で，江戸時代の後半に福岡市の志賀島で発見された。
(3) 地図の中国が魏・蜀・呉の三国に分かれていることから，三国時代ということがわかる。

4 (1) 埴輪　　(2) 前方後円墳
(3) 大王　　(4) 大和政権

考え方 (1) 埴輪には，円筒埴輪と形象埴輪がある。形象埴輪には殉葬などの宗教的な意味があると考えられている。
(2) 円墳と方墳を組み合わせた古墳。
(3)・(4) 大和政権は有力豪族の連合政権と考えられている。大王が天皇と呼ばれて権力が集中するのは，7世紀後半以降である。

---

3 古代国家のあゆみ

スタートドリル　　P.32,33

1 (1) 聖徳太子　　(2) 十七条の憲法
(3) 大化の改新　　(4) 壬申の乱
(5) 平城京　　(6) 遣唐使

考え方 (1) 聖徳太子（厩戸皇子）の父の用明天皇の妹が推古天皇である。聖徳太子から見て，推古天皇はおばにあたる。
(2) 朝廷に仕える豪族たちの守るべき基準を示したもので，今でいう憲法とはちがう。仏教・儒教などの思想を取り入れており，精神的な面で天皇の権威の正当性を確立しようとした。
(3) はじめて大化という年号を定めたので，この改革を大化の改新といった。

2 (1) 飛鳥文化　　(2) 法隆寺
(3) 班田収授法　　(4) 風土記

考え方 (1) 飛鳥地方（奈良盆地南部）を中心に，日本で最初の仏教文化が栄えた。
(2) 「日本書紀」によると，670年に法隆寺が焼け，8世紀初頭に再建されたとされる。それでも，現存する世界最古の木造建築である。

3 (1) ① 飛鳥　　② 奈良
③ 小野妹子　　④ 平城　　⑤ 荘園
⑥ 天平　　⑦ 大仏　　(2) 防人

考え方 (1) ③ 607年，小野妹子を隋に派遣し，隋と対等の立場を主張する国書を中国の皇帝に提出した。
⑤ 墾田永年私財法によって墾田の私有が認められ，貴族や寺社が大規模に経営するものを荘園と呼ぶようになった。 ⑥ 奈良時代の文化は，聖武天皇の天平年間に最も栄えたので，天平文化という。

① 大化の改新への道のり　P.34,35

1 (1) 隋　(2) 唐　(3) 律令
(4) 長安　(5) 新羅

考え方 (1) 隋は大規模な土木事業や高句麗遠征などを行い，人々に重い負担をかけたために，内乱が起こってわずか40年たらずでほろんだ。
(4) 東西30km，南北8.5kmあり，8世紀には人口が150万に達したといわれる。長安は，唐の時代に最も栄えた。
(5) 唐と結んだ新羅は高句麗をほろぼして朝鮮半島を統一したが，統一後は唐の影響を排除した。

2 (1) 摂政　(2) 蘇我馬子
(3) 冠位十二階　(4) 十七条の憲法
(5) 遣隋使

考え方 (1) 摂政とは天皇が幼いときや女性のとき，天皇にかわり政治を行う。
(2) 蘇我氏は大和政権の財政や外交を担当していた豪族。渡来人を重く用い，仏教など大陸文化の吸収に努めた。日本古来の神を尊重しようとする物部氏などの有力な豪族をたおして政権内での地位を高めた。
(3) 氏・姓に関係なく色分けした冠をあたえ，朝廷での役人の序列を示

した。聖徳太子は，才能や功績のある人を用いようとした。

3 (1) 高句麗　(2) 律令
(3) 均田制　(4) 長安

考え方 (1) 高句麗は朝鮮半島北部の国。後に唐と結んだ新羅にほろぼされた。

4 (1) 蘇我氏　(2) 公地(・)公民
(3) 天皇　(4) 白村江の戦い
(5) 壬申の乱

考え方 (1) 聖徳太子の死後，太子の一族をほろぼすなど，その専横は目にあまったと「日本書紀」に記されている。
(2) 皇族・豪族が私有していた土地と人民を，国家の支配下に置くことにした。
(4) この敗戦によって，日本は朝鮮半島への足がかりを失った。それだけでなく，新羅・唐の来襲に備えて九州北部に水城(幅60m，長さ1.0kmの堀と高さ13mの堤防からなる)が，西日本を中心に山城が築かれた。
(5) 天智天皇の子の大友皇子と，弟の大海人皇子(天武天皇)が皇位をめぐって争った。

② 律令国家の成立　P.36,37

1 (1) 平城京　(2) 奈良市
(3) 奈良時代　(4) 市　(5) 和同開珎

考え方 (1)・(4) 中央を南北に走る朱雀大路は幅70〜90mあり，その北端は平城宮，西側が右京，東側が左京だった。貴族の邸宅や大寺院が建ち並び，全国から集まる物品をあつかう市があった。
(5) 洪武通宝，永楽通宝ともに室町時代の明銭。

2 (1) 口分田 (2) 租 (3) 調
(4) 庸 (5) 防人

考え方 (1) 班田収授法によって農民などに支給された田のこと。終身使用が許された。
(2) 租は収穫の約3%と後世の年貢に比べると比率は低かったが、調・庸は農民自身が都に運ばなければならず、農民にとっては重い負担だった。

5日以内　30日以内
10日以内　40日以内
20日以内　41日以上

大宰府　平安京　多賀城　平城京
（九州は，大宰府までの日数）

(5) 唐・新羅に備えるために、九州北部に配置された。おもに東国の農民が送られた。

3 (1) 大宝律令 (2) 唐
(3) 神祇官 (4) 太政官 (5) 国司

考え方 (1) 701年は大宝元年にあたる。律はほぼ今日の刑法。令は国の制度や政治の決まりなどを定めたもので、今日の六法全書に近い。
(2) 唐は618年から907年まで約300年にわたって中国を支配した王朝。都の長安は国際都市として栄え、唐は東アジア世界の中心だった。
(3) 朝廷の祭祀をつかさどる職。
(4) 行政の最高機関。

4 (1) イ (2) 墾田永年私財法
(3) 公地（・）公民 (4) 荘園

考え方 (2)・(3) 開墾した土地の永久私有を認めた。これにより大化の改新で示された公地・公民の原則はくずれることになった。

③ 国際的な文化の開花 P.38,39

1 (1) 聖武天皇 (2) 天平文化
(3) 東大寺 (4) 古事記 (5) 万葉集

考え方 (3) 正倉とは寺の倉庫のことで、東大寺の正倉は正倉院と呼ばれる。
(4)・(5) 「古事記」は712年、「日本書紀」は720年につくられた。「風土記」は各国の物産や伝承などを記したもの。「万葉集」は奈良時代末期に成立した歌集。

2 (1) 仏教 (2) 東大寺
(3) 国分寺 (4) 大仏

考え方 (2)・(4) 全国の国分寺の中心、総国分寺として平城京に建てられた。何度か兵火によって焼かれたが、奈良時代以来の貴重な文化財である仏像などを多数残している。
(3) 東京都国分寺市をはじめ、全国各地に「国分」とつく地名が名ごりとして残っている。

3 (1) 遣唐使 (2) 鑑真
(3) 唐招提寺 (4) 阿倍仲麻呂

考え方 (1) はじめは朝鮮半島沿岸に沿って進む北路がとられたが、7世紀半ばに新羅との関係が悪化すると、東シナ海を横断する南路がとられるようになった。

渤海　新羅　難波　（北路）　長安　日本　唐　博多　（南路）　奄美

▲ 遣唐使の航路

4
(1) 正倉院　　(2) 聖武天皇
(3) 日本書紀　　(4) 風土記
(5) 柿本人麻呂

考え方 (5) 柿本人麻呂は下級の役人で生涯については不明である。「万葉集」に雄大・荘厳な歌を多数残している。

まとめのドリル　　P.40,41

1
(1) A 聖徳太子(厩戸皇子)
　　B 中大兄皇子　　(2) イ
(3) 大化の改新　　(4) 壬申の乱
(5) ① 大宝律令　　② 太政官
　　③ 国司

考え方 (2) 冠位十二階，十七条の憲法，遣隋使，仏教の興隆を覚えておく。
(3) この政治の基本方針は，646年の「改新の詔」で示された。すなわち，①公地・公民，②中央集権へ向けての地方行政組織の確立，国・郡・里制，③戸籍の作成，班田収授法の実施，④税制(租・調・庸)の規定。

2
(1) 平城京(へいぜいきょう)　　(2) 万葉集
(3) 東大寺　　(4) 正倉院

考え方 (1) 律令が整えられて中央集権が進むと，奈良の都は大いににぎわった。
(2) 天皇から庶民まで，幅広い階層にわたって作品が登場する。

3
(1) 遣唐使　　(2) 和同開珎
(3) 租・調・庸　　(4) 墾田永年私財法

考え方 (4) 人口増加などにより口分田が不足したため，朝廷は開墾を奨励した。

4　古代国家のおとろえ

スタートドリル　　P.44,45

1
(1) 平安京　　(2) 征夷大将軍
(3) 菅原道真　　(4) 摂関政治
(5) 藤原道長

考え方 (2) 東北地方の蝦夷を征討するために設けられた臨時の職。794年に設けられ，797年には坂上田村麻呂が征夷大将軍になった。
(4)・(5) 藤原氏は娘を天皇のきさきにし，生まれた子を次の天皇にした。そして，天皇が幼いときは摂政，成人になると関白として政治の実権をにぎった。

2
(1) 最澄　　(2) 金剛峯寺
(3) 国風文化　　(4) 紫式部
(5) 浄土信仰

考え方 (1)・(2) 奈良仏教が地上の身分的差別を仏の世界にもちこんだのに対し，最澄・空海は仏の救いは人間をその出身や素質において区別しないことを主張した。
(4) 紫式部の長編小説の「源氏物語」は，天皇の子として生まれた光源氏を主人公としている。

3
(1) ① 平安　　② 桓武
③ 菅原道真　　④ 藤原道長
⑤ 空海　　⑥ 国風
⑦ 浄土　　(2) 阿弥陀堂

考え方 (1) ④ 藤原氏の四男に生まれるが，兄たちが次々と死んだため摂関家の主流となり，1016年に摂政となった。
(2) 藤原頼通は宇治の別荘を平等院

とし，中堂から左右にのびる翼廊が翼を広げた鳳凰に似ているところから鳳凰堂と呼ばれるようになった。

① 平安京と摂関政治　　　P.46,47

1
(1) 平安京　(2) 桓武天皇
(3) 平安時代　(4) 兵役の一部
(5) 征夷大将軍

考え方　(1) 1869(明治2)年まで日本の都として栄えた。
(5) 坂上田村麻呂の蝦夷に対する遠征で，朝廷の勢力は東北地方北部まで広がった。

2
(1) 最澄　(2) 天台宗
(3) 空海　(4) 真言宗

考え方　(1)・(3) 最澄は伝教大師，空海は弘法大師。ともに桓武天皇の保護を受け，804年に唐にわたった。

3
(1) 天皇　(2) ① 摂政
② 関白　(3) 摂関政治
(4) 父：(藤原)道長　子：(藤原)頼通

考え方　(1) 女性は実家で子どもを産み育てる習慣があったので，実家である藤原氏と天皇の関係は強いものになった。
(2) ① 聖徳太子が摂政となったように，もともとは皇族が任じられる役職。皇族以外の摂政は藤原良房が最初になる。　② 天皇より先に書類に目を通すことからついた役職。藤原基経が任じられたのに始まる。

4
(1) 荘園　(2) 墾田永年私財法
(3) 貴族，寺社

考え方　(1) 初期の荘園は開発領主が所有した。後期の寄進によって所有された荘園と区別することがある。
(3) 貴族とは五位以上の地位にある者。

② 文化の国風化　　　P.48,49

1
(1) ① 唐　② 宋
(2) ① 新羅　② 高麗
(3) 菅原道真

考え方　(1) 907年に唐がほろんだ後，中国は各地に割拠した武将による支配の時代(五代十国)を経て，960年に宋によって統一された。

2
(1) 阿弥陀　(2) 極楽
(3) 浄土信仰　(4) 藤原頼通
(5) 平等院鳳凰堂

考え方　(2)・(3) このころ，政治の乱れによる地方の治安の悪化，水害などの自然災害，天然痘の流行などにより，社会不安が広がった。人々は現世より来世での幸せを求め，浄土信仰がさかんになった。
(5) この建物は，浄土を具現化したものといわれている。浄土へのあこがれの強さがうかがえる。

3
(1) 唐(中国)　(2) 大和絵
(3) 源氏物語絵巻　(4) 仮名文字
(5) ① 紫式部　② 清少納言
(6) 古今和歌集　(7) 寝殿造
(8) 平等院鳳凰堂

考え方　(2)・(3) 唐風絵画に対する日本風絵画を総称して大和絵という。画題は文芸的なものが多く，物語のさし絵や絵巻物として独自の発展をとげた。
(5) ② 清少納言は，一条天皇のき

11

さきの定子に仕え，そのころの生活や行事，事件などを随筆「枕草子」に書いた。

(6) ひらがなの成立は，漢詩，漢文学の全盛でおとろえていた和歌を復活させた。紀貫之らの編集ででき上がった「古今和歌集」はのちの和歌の手本とされ，小野小町，在原業平らが活躍した。

まとめのドリル　P.50,51

1 (1) ① 坂上田村麻呂
② 天台宗　③ 空海　(2) ウ
(3) 蝦夷　(4) 胆沢城
(5) 最澄　延暦寺　③の人物　金剛峯寺
(6) 菅原道真　(7) 源氏物語　紫式部
枕草子　清少納言　(8) 桓武天皇

考え方 (5) 延暦寺には全国から多くの僧が修行に訪れ，その中から，鎌倉時代に新仏教の開祖となった人々がいた。
(8) 奈良時代の仏教は律令国家と強く結びついており，政治に口を出す僧もあらわれた。桓武天皇は奈良の寺社の平安京への移転を禁止して政教分離を図るとともに，最澄や空海を援助して，中国から新しい仏教を導入した。

2 (1) （例）娘を天皇のきさきにして，その子を天皇とした。　(2) 摂関政治
(3) 平等院鳳凰堂
(4) 浄土信仰（浄土の教え）

考え方 (2) 藤原氏が摂政と関白の地位を独占するようになったのは10世紀半ば以降である。それ以前には摂政・関白が任命されない時期もあった。よって，摂関政治の確立は10世紀半ばと覚えておくとよい。

3 (1) 大和絵　(2) ① 古今和歌集
② 寝殿造　③ 仮名文字
(4) 年中行事

定期テスト対策問題　P.52,53

1 (1) ① 摂関　② 平安京
③ 蘇我　④ 東大寺　⑤ 遣隋使
(2) A 藤原道長　B 桓武天皇
C 中大兄皇子　D 清少納言
E 聖武天皇　F 聖徳太子
(3) 大宝律令　(4) 大化の改新
(5) 仮名文字　(6) 十七条の憲法
(7) F→C→E→B→D

考え方 (1) ① 藤原氏は摂政・関白の地位を独占し，政治の実権をにぎった。
② 現在の京都市につくられた都。桓武天皇は律令政治を立て直すために都を移した。　④ 仏教によって国を守ろうとした聖武天皇が平城京に建てた寺。正倉院や，鎌倉時代に建てられた南大門など，文化財の宝庫として有名である。　⑤ 607年，遣隋使として中国にわたり，隋の皇帝に国書をわたした。
(7) Dは，Aの時期とほぼ同じころのできごと。

2 (1) 飛鳥文化　(2) 正倉院
(3) シルクロード（絹の道）
(4) 源氏物語　(5) 国風文化
(6) 菅原道真

考え方 (1) 聖徳太子が摂政として政治を行っていたころ，都は奈良盆地南部の飛鳥地方に置かれていた。
(3) 8世紀ごろまで東西の交流に大きな役割を果たした交通路。正倉院には，遠くペルシャやインドなどから，この交通路を通ってもたらされた宝物も多く納められている。

12

(5) 国風文化は，はなやかな生活を
するようになった貴族の文化である。
その背景には，藤原氏をはじめ多く
の貴族が広大な荘園を所有し，財政
的に豊かになったことがあげられる。
(6) 藤原氏は道真を九州の大宰府へ
追放した。死後，たたりをおそれた
人々は道真を神としてまつった。

5 武士の台頭と鎌倉幕府

スタートドリル　　　　　　P.56,57

1 (1)　武士　　(2)　院政
(3)　平清盛　(4)　鎌倉
(5)　後鳥羽上皇

考え方 (2)　白河天皇は，8歳の堀河天皇に
位をゆずり，院庁を開いて天皇の後
見人となり，政治を行った。
(4)　鎌倉は，源 義朝が南関東で権
威をふるったときの根拠地であり，
源氏の守護神を祭る場所であった。
また，東・北・西の三方は山に囲ま
れ，南は海であった。

2 (1)　御家人　(2)　二毛作
(3)　定期市　(4)　法然
(5)　平家物語

考え方 (1)　一般に，家来のことを家人と呼
んだが，将軍との間に主従関係を結
んだので御家人といわれた。
(3)　寺社の門前や交通の要地など，
特に人のよく集まる場所では，物資
の交換もさかんに行われ，このよう
な場所では毎月決まった日に市が開
かれるようになった。
(4)　立派な行いのできない一般の
人々を救うことこそ阿弥陀仏の願い

であるとして，「南無阿弥陀仏」を唱え
れば，極楽往生ができると主張した。

3 (1)　①　平安　　②　鎌倉
③　院政　④　平清盛　⑤　源 頼朝
⑥　執権　⑦　承久
⑧　御成敗式目(貞永式目)　(2)　武士

考え方 (1)　②　鎌倉幕府の成立時期は，「頼
朝が征夷大将軍に任命された1192
年と考える。」など諸説ある。
④　平清盛は若いときから出世し，
やがて人臣最高の太政大臣となった。
また，高倉天皇のきさきに娘の徳子
を入れ，生まれた子を3歳で即位さ
せた。安徳天皇である。　⑤　教科
書にのっている似絵の「源頼朝像」は，
源頼朝ではないとする説もある。
⑦　源氏の血統が絶えると，後鳥羽
上皇は院政の回復を図ろうとして兵
をあげたが，幕府の大軍に敗れてし
まった。

1 武士の成長　　　　　　P.58,59

1 (1)　棟梁　　(2)　平将門
(3)　源氏　(4)　院政　(5)　僧兵

考え方 (1)　集団の統率者のこと。平安時代
末期から鎌倉時代にかけて，武士団
の統率者をこう呼んだ。
(5)　権勢をほこった白河上皇にも，
思い通りにならないものが三つあっ
た。それは，賀茂川の水(洪水)と双
六の賽(さいころの目)と山法師(延
暦寺の僧兵)であるといわれた。

2 (1)　保元の乱　(2)　平治の乱
(3)　平清盛　(4)　日宋貿易

13

考え方 (1) 戦いは天皇方の勝利に終わった。

	天皇方	上皇方
天皇家	弟 後白河天皇	(鳥羽) 兄 崇徳上皇
藤原氏	兄 忠通	(忠実) 弟 頼長
源　氏	兄 義朝	為義 父 為朝 弟
平　氏	甥 清盛	(忠盛) 忠正 叔父

▲ 保元の乱の対立関係

(2) 保元の乱は皇室・朝廷の対立に武士がかり出された争いであった。しかし，平治の乱は源氏と平氏の争いで，武士が主導権をにぎった。

3 (1) 平将門の乱 (2) 藤原純友の乱
(3) 奥州藤原氏

考え方 (1) 関東地方はもともと平氏の一族が多く土着した地域であった。北条氏，千葉氏をはじめ，鎌倉幕府を開いた源頼朝に従った武士たちの多くは，平氏の一族であった。
(2) 伊予(愛媛県)の役人であった藤原純友は，任期終了後も現地に残り，瀬戸内海を拠点に反乱を起こした。
(3) 東北地方で安倍頼時が反乱を起こした前九年合戦(1051～62年)では，源頼義・義家父子は清原氏を助けて安倍氏をほろぼした。その後，清原氏一族の内乱である後三年合戦(1083～87年)では，源義家は藤原清衡を助けて内乱を平定した。この藤原清衡が奥州藤原氏のもととなった。

4 (1) ① 白河 ② 院政
(3) 荘園 (2) 平治の乱
(3) 日宋貿易

考え方 (3) 清盛は，平家の経済的基盤を固めるために積極的な外交貿易政策をとった。私費で大輪田泊を修理し，兵庫の福原に別荘をかまえ，外国貿易に取り組んだ。

② 武家政権の成立　P.60,61

1 (1) 御家人 (2) 御恩
(3) 奉公 (4) 封建制度

考え方 (2) 頼朝は御家人に対して，本拠地の支配の保障(本領安堵)，新たな所領の恩賞給付(新恩給与)を行った。
(3) 御恩に対して御家人は，戦闘への参加，朝廷の警護などを行った。
(4) 封建制度の「封」とは，あたえられた領地という意味。

2 (1) ① 守護 ② 地頭
(2) ① 征夷大将軍 ② 鎌倉
(3) ① 侍所 ② 問注所

考え方 (1) 守護は後代の大名とはちがって土地に対する権利は持たず，軍事・警察権を掌握する目的で各国におかれた。

3 (1) 北条氏 (2) 執権
(3) 承久の乱 (4) 後鳥羽上皇
(5) 北条政子 (6) 六波羅探題
(7) ア (8) 御成敗式目(貞永式目)

考え方 (2) 侍所と政所の別当(長官)をかねた役職。北条氏が世襲した。
(4) 鎌倉幕府の成立により，全国は朝廷と幕府による二重支配の構造になっていた。後鳥羽上皇は，源氏の滅亡を好機として幕府をたおそうとしたが，朝廷軍は1か月ももたずに幕府の大軍に敗れた。

地図中の数字は月.日

(6) 承久の乱後，京都に六波羅探題を置いて執権に次ぐ要職とし，朝廷の監視と尾張以西の西国御家人の統制にあたらせた。

③ 鎌倉時代の宗教と文化　P.62,63

1 (1) 郎党　(2) 地頭　(3) 法然
(4) 一遍　(5) 曹洞宗

考え方 (1) 武士団の中の下級の武士。主人は惣領という。惣領とは，全体をまとめて管理することを意味し，転じて一族の長をこう呼ぶようになった。鎌倉時代には御家人を統制するために制度化され，惣領は一族の責任者として，領地の配分・戦闘の指揮・幕府の公務などを行った。
(2) 幕府が荘園に置いた役職は何かを考える。

2 (1) 新古今和歌集　(2) 平家物語
(3) 金剛力士像　(4) 絵巻物

考え方 (1) 和歌は，なお公家社会の伝統的な文化の一つであった。後鳥羽上皇が藤原定家らに編さんを命じ，1205年に完成した。
(2) 平氏の栄華と没落を無常観をもって表現した軍記物。琵琶法師によって語りつがれ，広まった。
(3) 鎌倉時代の代表的建築物である，東大寺南大門に納められている。

(4) 平安時代には「源氏物語絵巻」のように貴族のはなやかな生活がえがかれたが，鎌倉時代の絵巻物は，軍記物や新仏教の始祖の伝記などが題材（「一遍上人絵伝」など）になることが多かった。

3 (1) イ　(2) ① 二毛作
② 定期市（市）

考え方 (1) 承久の乱以後，幕府の勢力が強まると，荘園における地頭の勢力も強くなった。地頭は年貢を横取りしたり，農民に対し強制的に労役を課したりするようになった。荘園領主は，荘園の管理権や土地の半分を地頭にあたえる（下地中分）などして，地頭の荘園侵略をくい止めようとしたが，かえって地頭の進出を許す結果となった。
(2) ① 1年に2回，同じ耕地でちがう作物を栽培すること。 ② 当時は月3回開かれる三斎市が多かった。四日市，五日市，六日市などの地名が残っているところもある。

4 (1) 運慶　(2) 似絵
(3) ① 浄土真宗　② 臨済宗

考え方 (2) 平安時代末期に起こり，鎌倉時代にさかんにえがかれるようになった。武士のほか天皇や高僧などもえがかれた。
(3) ① 親鸞は，苦しい修行などしなくても心の中で阿弥陀仏にすがれば極楽に往生できると説いて，庶民の中に多くの信者を得た。 ② 栄西は延暦寺で修行をしたが，中国にわたり，臨済宗の強い影響を受けて帰国した。

1 (1) ① 保元（ほうげん）　② 平清盛（たいらのきよもり）
　③ 源頼朝（みなもとのよりとも）　④ 御成敗（貞永）（ごせいばい・じょうえい）
(2) 源氏（げんじ）　(3) 白河上皇（しらかわじょうこう）
(4) 源義朝（みなもとのよしとも）　(5) オ　(6) 鎌倉時代（かまくら）
(7) イ

考え方　(2) 源頼義・義家（よりよし・よしいえ）父子は東国の武士団を率いて，東北地方で起こった前九年合戦（かっせん）・後三年合戦（かっせん）で活躍（かつやく）した。そのため，源氏と東国の武士団の間には主従関係（しゅじゅう）が生まれた。
(3) 天皇の位をゆずった後も，院で政治を行った。そのために，摂関家（せっかん）の力がおとろえることになった。
(4) 源頼朝の父。頼朝はこのとき子どもだったので，一命を助けられて伊豆（いず）に流された。
(5) 山口県下関市（しものせき）で行われた壇ノ浦（だんのうら）の戦いである。

2 ① 浄土真宗（じょうどしんしゅう）　② 一遍（いっぺん）
　③ 日蓮宗（法華宗）（にちれんしゅう・ほっけしゅう）　④ 曹洞宗（そうとうしゅう）

考え方　② 踊念仏（おどりねんぶつ）とは，念仏に合わせて楽器などをならしつつ，多くは輪になって踊（おど）るもの。
③ 他の宗派を激しく攻撃（こうげき）したため，諸宗派や幕府から圧迫（あっぱく）されたが，しだいに地方武士や庶民（しょみん）の間に広まっていった。
④ 禅宗（ぜんしゅう）の二つの宗派は，ともに宋（そう）から伝えられた。

3 (1) 運慶（快慶）（うんけい・かいけい）
(2) 東大寺南大門（とうだいじなんだいもん）　(3) 平家物語（へいけ）
(4) 徒然草（つれづれぐさ）　(5) 似絵（にせえ）

考え方　(2) 大仏様（だいぶつよう）という南宋（なんそう）の寺院建築の様式でつくられた建物。色彩（しきさい）的には簡素であるが，豪放（ごうほう）で力強い建築物

である。
(4) 兼好法師（けんこうほうし）は鎌倉時代後期の歌人で随筆家（ずいひつか）。「徒然草」は随筆で，動乱期の人間や社会の様子を深く洞察（どうさつ）している。

---

6 東アジア世界とのかかわり

1 (1) 建武の新政（けんむのしんせい）　(2) 足利尊氏（あしかがたかうじ）
(3) 日明貿易（にちみん）　(4) 琉球王国（りゅうきゅう）
(5) 応仁の乱（おうにん）　(6) 戦国大名（せんごくだいみょう）

考え方　(3) 倭寇（わこう）に手を焼いた明（みん）は，日本にその取りしまりを求めるとともに，勘合（かんごう）を発行して貿易船の来航を認めた。日明貿易のことを勘合貿易ともいう。
(6) 幕府の権威（けんい）がおとろえると，領国の支配権を手中におさめた戦国大名は，荘園（しょうえん）領主のいっさいの権限を否定し，あらたに家臣団を編成した。

2 (1) 絹織物（きぬおりもの）　(2) 座（ざ）
(3) 書院造（しょいんづくり）　(4) 世阿弥（ぜあみ）

考え方　(1) 京都の絹織物は平安（へいあん）時代初期からつくられていたが，応仁の乱後に西軍の陣地跡（じんちあと）でつくられるようになってからさかんとなり，名前も西陣織（にしじんおり）と呼ばれた。福岡の博多織（はかたおり）は鎌倉時代からつくられるようになった。

3 (1) ① 鎌倉（かまくら）　② 室町（むろまち）
　③ モンゴル（民族）　④ 元寇（げんこう）
　⑤ 足利義満（よしみつ）　⑥ 北山（きたやま）　⑦ 東山（ひがしやま）
(2) 武家

考え方 (1) ④ 1274年の文永の役，1281年の弘安の役と，二度にわたる元軍の九州北部への襲来を元寇という。
(2) 室町文化の特色は，公家と武家の文化がとけ合った簡素で深みのある文化である。

① モンゴルの襲来と日本　P.70,71

1 (1) チンギス・ハン
(2) モンゴル帝国
(3) フビライ・ハン　(4) 元

考え方 (1) モンゴルの部族長の子として生まれるが，父がタタール人に殺されて以来，苦難の生活を続けた。40歳余で王におされ，チンギス・ハンと名のると，これまでの遊牧民の民族的・血縁的な組織を解体し，軍事的，行政的な集団に編成がえし，モンゴルを統一した。
(2) モンゴル民族は，中国北方に住んでいた遊牧民族で，騎乗術に優れていた。13世紀はじめにチンギス・ハンによって民族が統一されると，破竹の勢いで各地を征服し，アジアからヨーロッパにまたがる空前の大帝国を築いた。

▲ モンゴル帝国

(3)・(4) チンギス・ハンの孫で5代皇帝のフビライ・ハンは，中国南部に勢力を広げ，都をカラコルムから大都（今のペキン）に移し，1271年，国号を「元」と定めた。

2 (1) 高麗　(2) 北条時宗
(3) 文永の役　(4) 弘安の役
(5) 徳政令

考え方 (2) 文永の役の後，元の再度の襲来に備えて博多湾に防壁（防塁）を築くなど，九州北部の防備を固めさせた。
(5) 御家人は，分割相続で領地が縮小し，生活が苦しくなっていたところに元寇の出費が追い打ちをかけ，領地を質入れしたり，売ったりする御家人が増えた。元冠の恩賞が不十分なものだったので，幕府に対する不満が高まった。

3 (1) ⑦ チンギス・ハン
⑦ フビライ・ハン　⑦ 徳政令
(2) 鎌倉時代　(3) 北条氏
(4) ① 高麗　② 集団
(5) 元寇　(6) ウ

考え方 (3) このときの執権は，8代にあたる北条時宗であった。
(4) ② 日本の武士は一騎打ちで戦うことが普通だったため，元軍の組織的な集団戦法の前に苦戦した。
(5) 弘安の役では，防壁などで上陸を阻止された元軍が船に引き上げたところに暴風雨があって壊滅したと伝えられている。のちにこの暴風雨は「神風」といわれるようになった。

② 南北朝の争乱と室町幕府　P.72,73

1 (1) 足利尊氏　(2) 建武の新政
(3) 吉野　(4) 60年間
(5) 足利義満

考え方 (1) 楠木正成は河内（大阪府）の豪族。幕府からは「悪党」と呼ばれた非御家人の武士だった。
(2) 公家と武家をうまく取り合わせ

17

た政治をめざしたが，実際には公家中心の政治であった。

(5) 足利尊氏の孫で3代将軍。義満のときが室町幕府の全盛期。

2 (1) 管領 (2) 鎌倉府
(3) 侍所

考え方 (1) 将軍につぐ重職として管領が置かれたが，執権に比べると権限が弱く，斯波・畠山・細川の足利一族三氏が任じられた(三管領)。
(3) 侍所長官は管領につぐ実権を持ち，赤松・山名・一色・京極の四家があたった(四職)。

3 (1) ① 足利尊氏 ② 足利義満
(2) ① 管領 ② 政所
(3) 侍所

考え方 (1) ② 義満は，京都室町の地に賀茂川の水を引いて池をつくり，公家や守護大名に名木を植えさせ，四季おりおりの花を楽しめる大邸宅をつくった。そのため，ここは「花の御所」と呼ばれ，室町幕府の名も生まれた。
(2) ① 管領は有力な守護がなる。守護は，地頭や国内の武士を家臣とし，領国を経営した。そのため，軍事警察権を持つ単なる地方官から，領国支配権をにぎる封建領主に変質していった。

4 (1) 後醍醐天皇 (2) 楠木正成
(3) 吉野 (4) 守護大名

考え方 (1) 当時，朝廷は皇位継承と皇室領相続をめぐって大覚寺統と持明院統に分裂，対立しており，これに幕府が干渉していた。大覚寺統の後醍醐天皇は幕府の干渉を排除し，天皇親

政による古代律令制国家を再現しようとしていた。

③ 東アジアの動きと戦国時代 P.74,75

1 (1) 倭寇 (2) 勘合
(3) ハングル (4) 琉球王国

考え方 (1) 九州北部や瀬戸内海の水軍と呼ばれる人々は，漁業や交易を行うかたわら，武装して沿岸地方を襲うことがあった。元寇以後，かれらの武装交易船が朝鮮半島や大陸の沿岸を襲うようになり，倭寇と呼ばれておそれられた。
(3) 日本で仮名文字がつくられたように，漢字だけでは表現できないものを補う目的でつくられた。朝鮮語で「大いなる文字」という意味。訓民正音ともいう。
(4) 中国に対して朝貢をしていたが，江戸初期に島津藩(鹿児島県)に征服された。

2 (1) 明 (2) 高麗 (3) 中継貿易
(4) 北海道 (5) 城下町

考え方 (1) 14世紀半ばに，元の厳しい支配に対して各地で漢民族の反乱が起こり，ついに1368年に南京を都に明が建国された。
(2) 元に服従していた高麗では，元がモンゴルに退いたあとも親元派と親明派が争っていた。倭寇などと戦って名声をあげていた李成桂は，親元派を追放して高麗王朝をたおし，朝鮮国を建国した。

3 (1) ① 山名氏 ② 戦国大名
(2) 足利義政 (3) 応仁の乱
(4) ウ (5) 下剋上

(6) 分国法（家法）

考え方 (3) 将軍のあとつぎ争いに有力守護
大名である畠山氏・斯波氏のうちわ
もめがからみ，多くの守護大名が東
軍（細川氏）と西軍（山名氏）に分かれ
て，京都を中心に約11年間も戦っ
た。
(6) 戦国大名は，家臣の統制や農・
商・工業者の統制にあたって，よっ
てたつべき規範が必要となり，分国
法をつくった。

④ 民衆の成長と室町文化　P.76,77

1 (1) 絹織物　(2) 宋銭
(3) 酒屋　(4) 座　(5) 港町

考え方 (1) 陶器づくりがさかんだったのは，
瀬戸（愛知県）などである。
(2) 室町時代になると，市は大寺院
の門前など各地で開催され，日数も
多くなった。
(3) 問（問丸）と馬借は運送業者。

2 (1) 二毛作　(2) 惣
(3) 寄合　(4) 土一揆

考え方 (1) 鎌倉時代に農業の先進地域であ
った西国で始まり，各地に広まった。
(2) 農民は村ごとに自治的な組織を
つくり，戦乱に際しては自衛もする
ようになった。惣村ともいう。

3 (1) ① 銀閣　② 足利義政
③ 書院造　(2) ① 水墨画
② 雪舟

考え方 (1) ① 正式には慈照寺銀閣。足利
義政の東山山荘として建てられた。
③ 同じ境内にある東求堂の同仁斎
という部屋は，書院造の部屋として
教科書などに取り上げられている。
(2) ② 1467年，48歳で明にわた

り，3年後に帰国して水墨画を大成
した。禅宗の僧でもあった。

4 イ・オ（順不同）

考え方 アは奈良時代，聖武天皇のころ。天
平文化。イの戦火とは応仁の乱のこ
と。力をたくわえた守護大名の中に
は，都落ちした公家や僧を積極的に
むかえ入れ，文化の吸収に努める者
もいた。ウは飛鳥時代，聖徳太子の
ころ。飛鳥文化。エは平安時代の国
風文化の発展の様子。オは室町幕府
が京都に置かれたため，公家文化と
武家文化の融合が進んだ。また，日
明貿易や倭寇の活動などによって日
本と大陸の交通がさかんになり，中
国や朝鮮の影響を受けた国際色豊か
な文化であった。力は鎌倉文化。

まとめのドリル　P.78,79

1 (1) ⑦ 後醍醐天皇
① 足利義満　⑦ 土一揆
エ 応仁　(2) 建武の新政
(3) 南北朝時代　(4) ① 管領
② 守護大名（守護）　(5) 勘合貿易
(6) ① 下剋上　② 分国法（家法）

考え方 (1) ⑦ 倒幕をくわだてたために隠
岐に流されていたが脱出し，鎌倉幕
府滅亡後，建武の新政を行った。
⑦ 当時はまだ農民と武士の身分は
区別されておらず，ふだんは農業を
行いながら，いざというときには武
装して戦う人々が多かった。土一揆
はこのような人々が中心になった。
(4) ① 室町幕府の将軍を補佐する
役職。

19

2 (1) 座 　(2) 酒屋 　(3) 城下町

(4) 堺 　(5) 町衆

考え方 (1) 寺社などの保護を受けていた。
(3) 山口は大内氏，小田原は北条氏
の城下町として栄えた。
(5) 堺・博多・京都などでは有力な
商人が寄合を組織して自治を行った。

3 (1) 東山文化 　(2) 書院造

(3) 雪舟 　(4) 世阿弥

(5) 御伽草子

考え方 (5) 室町時代につくられた童話や寓
話などの総称。「ものぐさ太郎」や「浦
島太郎」などがある。

定期テスト対策問題 　P.80,81

1 (1) ① 地頭

② 御成敗式目（貞永式目）

(2) A 源頼朝 　C 後醍醐天皇

D 足利尊氏 　E 足利義満

(3) 執権 　(4) 六波羅探題

(5) 元寇 　(6) 建武の新政

(7) 勘合

考え方 (1) ① やがて，荘園を侵略して年
貢を横取りしたり，自分の領地のよ
うにする者もあらわれた。
(4) 朝廷の監視と西国御家人の統率
のために設置された。
(7) 倭寇と区別するために用いられ
た合札。

2 (1) 封建制度 　(2) 道元

(3) 酒屋 　(4) 茶 　(5) 惣

(6) 一向一揆 　(7) 下剋上

考え方 (1) 封建制度とは，古代中国の周王
朝のときに，皇帝が諸侯に領地をあ
たえ，王としたところから成立した
言葉。

---

(6) 浄土真宗（一向宗）の信徒は，総
本山である石山本願寺を中心に団結
し，各地で一揆を起こした。

▲ 一向一揆が多く起こった発生地域

3 (1) 平家物語 　(2) 雪舟

(3) ① 似絵 　② 書院造

考え方 (1) 琵琶法師とは，琵琶を演奏する
盲目の芸人。僧のような衣服を着て
いたので，琵琶法師と呼ばれた。

7 ヨーロッパ人との出会いと天下統一

スタートドリル 　P.84,85

1 (1) プロテスタント 　(2) コロンブス

(3) ポルトガル人 　(4) 室町幕府

(5) 北条氏 　(6) 朝鮮

考え方 (1) ドイツ皇帝がルター派を禁止す
ると，ルターを支持する諸侯は「信
仰は個人の自由であって権力によっ
て支配すべきでない」と抗議（プロテ
スト）したので，ルター派などの新
教徒をプロテスタントというように
なった。
(6) 豊臣秀吉は明を征服するために，
朝鮮にその先導を求めた。しかし，
朝鮮がこれを拒否したので，軍を朝
鮮に派遣することにした。

2 (1) ルネサンス　(2) 楽市・楽座
(3) 刀狩　(4) 千利休

考え方 (1) ルネサンスは日本語で「文芸復興」と訳されるが，「再び生まれること」という意味である。この時期のヨーロッパの文化人は，新しい時代が来ることを意識し，その模範となるのが古代ギリシャ・ローマの文化であり，それを復興しようとした。そして，その多くをイスラム文化から学んだ。ギリシャ・ローマの文化を継承したのがイスラム文化だったからである。ルネサンスがイタリアから起こったのは，イタリアがイスラム世界と多く接触していたからである。

3 (1) ① 室町　② 鉄砲
③ キリスト　④ 織田信長
⑤ 豊臣（羽柴）秀吉　⑥ 桃山
⑦ 太閤検地　(2) 豪華（同じ意味ならば可）

考え方 (1) ④ 16歳で父のあとをついだ信長は，1582年に本能寺で自害するまで，戦いにつぐ戦いの人生であった。
(2) 大阪城や姫路城は，雄大な天守を持つ城であった。また，城・邸宅のふすまや屏風などには，障壁画と呼ばれる豪華な絵がえがかれた。

① 7〜16世紀の世界　P.86,87

1 (1) イタリア　(2) ドイツ
(3) カルバン　(4) プロテスタント
(5) イエズス会

考え方 (1) 当時のイタリアは，フィレンツェ，ベネチアなどの諸都市が東方貿易で栄えていた。
(2) 免罪符とは，買うと現世の罪が

ゆるされ，天国に行くことができるという紙のこと。ルターは免罪符の販売を進めるローマ教皇とカトリック教会を批判した。
(3) お金をかせぐことは神の意志にかなうことだとしたために，商工業者に支持された。
(5) プロテスタントに対するカトリックの反撃を，最も戦闘的に行ったのがイエズス会であった。

2 (1) アラビア　(2) ムハンマド
(3) アラー　(4) エルサレム
(5) 十字軍

考え方 (4) 11世紀後半，セルジューク朝がエルサレムを占領し，キリスト教徒を迫害したことを名目とするが，実際はセルジューク朝の圧迫を受けていた東ローマ帝国（ビザンツ帝国）からの援助の要請をローマ教皇が受けたことが，十字軍派遣の要因である。
(5) 最初，十字軍はエルサレムを奪回し，キリスト教徒の王国を建設したが，すぐにイスラム教徒にうばいかえされ，その後，キリスト教徒による聖地回復は成功しなかった。

3 (1) ① コロンブス
② バスコ・ダ・ガマ　③ マゼラン
(2) ア　(3) イ　(4) スペイン
(5) ① インカ帝国
② アステカ帝国　(6) ポルトガル

考え方 (1) 西インド諸島（カリブ海の島々）に到着したのがコロンブス，インド航路発見がバスコ・ダ・ガマ，世界周航に出発したのがマゼラン。
(4)・(5) スペインの征服者たちは，アメリカ大陸に栄えた文明をほろぼし，宝物をうばった。

② 織田信長の統一事業　P.88,89

1 (1)　ポルトガル人　　(2)　堺
(3)　イエズス会　　(4)　キリシタン大名
(5)　南蛮貿易

考え方 (1)　中国との貿易を行っていたポルトガル船が暴風雨によって流され、種子島に漂着した。
(3)　ザビエルはスペイン出身で、マラッカで布教中に出会ったアンジローという日本人の案内で日本を訪れ、鹿児島に着いた。
(5)　中華思想では中国を最も文化の進んだ国とし、南の異民族を南蛮と呼んだ。南から訪れたヨーロッパ人は南蛮人と呼ばれたのである。

2 (1)　安土　　(2)　楽市・楽座　　(3)　関所
(4)　延暦寺　　(5)　石山本願寺

考え方 (2)・(3)　これらの政策によって信長の城下町だった岐阜や安土には全国から商人や物産が集まり、大変なにぎわいを見せた。
(4)　当時の延暦寺は、多数の僧兵を抱える一大軍事集団だった。

3 (1)　A　桶狭間　　B　室町幕府
C　長篠　　D　安土　　(2)　足利尊氏
(3)　ウ　　(4)　琵琶湖　　(5)　ウ
(6)　場所：イ　　家臣：明智光秀

考え方 (1)　A　今川義元の大軍を少数の兵で奇襲し、義元を倒した。
B　信長は最初、足利義昭を助けて入京し、義昭を15代の将軍にしたが、信長の勢力が強くなることを恐れた義昭が各地の大名と結んで信長に敵対しようとしたため、義昭を京都から追放した。

▲織田信長の領国

③ 豊臣秀吉の全国統一　P.90,91

1 (1)　明智光秀　　(2)　大阪　　(3)　関白
(4)　北条氏

考え方 (3)　征夷大将軍は源氏の血筋のものがつく慣例だった。低い身分から出世した秀吉は、源氏など由緒ある血筋を名乗ることができず、朝廷から豊臣という姓をもらった。
(4)　鎌倉時代の北条氏と区別して、後北条氏といわれることもある。

2 (1)　桃山文化　　(2)　天守
(3)　狩野永徳　　(4)　出雲の阿国
(5)　千利休

考え方 (2)　城は平地につくられるようになり、天守は領地のあらゆるところから見える支配の象徴となった。
(3)　代表作に「唐獅子図屏風」がある。
(5)　千利休は堺の豪商であり、秀吉に仕えた。後に秀吉の怒りにふれ、切腹を命じられた。

3 (1)　太閤検地（検地）　　(2)　石高（石）
(3)　百姓　　(4)　刀狩　　(5)　一揆
(6)　兵農分離　　(7)　亀甲船
(8)　明　　(9)　豊臣秀吉

1 (1) ① 種子島　② 安土城
　　③ 本能寺　④ 大阪城　(2) 鉄砲
　　(3) （フランシスコ・）ザビエル
　　(4) 南蛮貿易　(5) D　武田氏
　　F　北条氏　(6) 朝廷（天皇）
　　(7) 李舜臣
　　　イ スンシン

考え方 (1) ③ このできごとの次の年には，
　　秀吉が統一事業を引きついでいるこ
　　とに注目する。

2 (1) 楽市・楽座　(2) 太閤検地
　　(3) 刀狩　(4) 秀吉

考え方 (4) 信長は，仏教勢力をおさえるた
　　め，終始キリスト教を保護する政策
　　をとった。

3 (1) ルネサンス　(2) イタリア
　　(3) 宗教改革　(4) プロテスタント
　　(5) イエズス会

考え方 (3) 宗教改革以後，ヨーロッパ各地
　　ではカトリック教徒とプロテスタン
　　トの間で激しい宗教戦争が起こった。
　　ドイツ・オランダ・イギリスやヨー
　　ロッパ北部の国々ではプロテスタン
　　トが支配的になり，スペイン・ポル
　　トガルではカトリックの勢力が強か
　　った。これら二つのグループの国々
　　はこの後長く対立することになる。

8 江戸幕府の成立と鎖国
　　え ど ばく ふ　　　さ こく

1 (1) 関ヶ原の戦い　(2) 江戸
　　(3) 武家諸法度　(4) 参勤交代
　　(5) 朱印船貿易　(6) 島原・天草一揆

---

　　(7) 琉球王国

考え方 (7) それまで独立国であった琉球王
　　国は，江戸時代初期に薩摩藩に征服
　　され，高い率の年貢を取りたてられ，
　　苦しい生活をしいられるようになっ
　　た。

2 (1) 武士　(2) 本百姓
　　(3) えた

考え方 (1) 武士は全人口の約7％しかいな
　　かったが，支配階級として名字・帯
　　刀（刀を持つこと）の特権を持ち，武
　　士に無礼を働いた百姓や町人に対し
　　て，「切り捨てご免」が許された。

3 (1) ① 江戸　② 徳川家康
　　③ 武家諸法度　④ 島原・天草
　　⑤ 鎖国　⑥ ひにん　⑦ 琉球王国
　　(2) 譜代大名

考え方 (1) ⑤ 鎖国によって，その後200
　　年も戦争のない時代が続き，国内の
　　産業や文化が発達した。しかし，世
　　界の様子などの情報は幕府の統制下
　　におかれた。

① 江戸幕府の成立と仕組み P.98,99

1 (1) 石田三成　(2) 征夷大将軍
　　(3) 大名　(4) 大名　(5) 参勤交代

考え方 (1) 天下分け目の戦いと呼ばれたが，
　　わずか半日で徳川方が勝利した。
　　(3) 旗本・御家人は1万石未満の領
　　地を持つ将軍の直接の家臣。旗本は
　　将軍にお目見えできる身分，御家人
　　はお目見えできない身分であった。

2 (1) 老中　(2) 勘定奉行
　　(3) 寺社奉行　(4) 町奉行
　　(5) 京都所司代

考え方 (4) 幕府の直轄地だった大きな都市にも奉行が置かれた。

(5) 幕末には京都の治安維持や御所の警備のために，京都守護職が置かれた。

3 (1) 幕領（天領） (2) 4

(3) ① 譜代大名 ② 外様大名

③ 親藩 (4) ① 藩 ② 近い

③ 遠い (5) イ (6) 幕藩体制

考え方 (3) 幕府はたくみな大名の配置によって，江戸の防衛体制を築いた。

② さまざまな身分とくらし P.100,101

1 (1) 武士 (2) 本百姓 (3) 城下町

(4) 男 (5) 儒学

考え方 (2) この中から，庄屋（名主），組頭，百姓代の村役人が選出された。

(4) 長男がすべてを相続し，次，三男や女性には相続権はなかった。

2 (1) 年貢米 (2) 五人組

(3) ひにん

考え方 (1) 幕府は，農地に米以外の作物を勝手につくることを禁止した。

(3) 住む場所や職業，衣服まで厳しく制約を受けた。差別は明治以降も残り，現在も大きな問題となっている。

3 (1) ① 庄屋（名主） ② 組頭

③ 百姓代 ④ 村役人 (2) 50

(3) ウ (4) 米

考え方 (1) ①，②，③は順不同。

(2) 年貢の割合は五公五民が通常だったが，江戸時代の後期になると，六公四民（年貢の率60％）や七公三民（同70％）ということもあった。

4 (1) 百姓 (2) 7

(3) 町人

考え方 (3) 町人身分の中でも，地主や家持が町政をになった。

③ 貿易の振興から鎖国へ P.102,103

1 (1) 朱印船 (2) 日本町

(3) 長崎 (4) オランダ

考え方 (1) 渡航許可証を朱印状といって，それを所持する公式の貿易船を朱印船と呼んだ。

(2) 博多や堺の大商人は，さかんに東南アジアに貿易船を派遣し，現地に住みつく人々も多かった。

2 (1) 禁教令 (2) 島原・天草一揆

(3) 絵踏 (4) 鎖国

考え方 (2) 約4か月間も抵抗を続け，幕府軍を苦しめた。幕府はカトリックと敵対するオランダ船に大砲をうたせることまでした。この一揆以後，幕府は禁教を徹底させる方針をとった。

3 (1) ① 禁教令（キリスト教禁止令）

② スペイン ③ ポルトガル

④ オランダ

(2) 天草四郎（益田時貞） (3) 出島

考え方 (1) イギリスはオランダと同じ新教国で布教活動は行わなかったが，オランダとの貿易競争に敗れて撤退した。

(3) 幕府は，外国人と日本人との接触をできるだけさせないように，橋一本でつながる人工島をつくった。

4 (1) 清 (2) （朝鮮）通信使

(3) 薩摩藩

(4) アイヌ民族（アイヌの人たち）

考え方 (1) 中国では明がほろび，満州族が清を建国した。

(3) 薩摩藩は琉球王国の中継貿易による利益を求めて，征服後も琉球王国が清にも朝貢することを認めた。

(4) 17世紀後半には，アイヌの首長シャクシャインを中心とした大規模な反乱が起きたが，松前藩に鎮圧された。

まとめのドリル　　P.104,105

1 (1) ① 関ヶ原　② 朱印船
③ 武家諸法度　④ 参勤交代
⑤ 島原・天草一揆　⑥ 鎖国
(2) 日本町　(3) 幕藩体制
(4) ① オランダ　② 長崎

考え方 (1) ④大名の石高によって供をする人数などに決まりがあり，大名には大きな負担だった。

(2) 鎖国の完成によって日本人の海外渡航が禁止され，海外の日本人の帰国も禁止されると，東南アジアの日本町はさびれていった。

2 (1) ① 老中　② 勘定奉行
(2) 譜代大名　(3) 京都所司代

考え方 (1) ① 定員は4~5名であった。
② 勘定奉行は郡代や代官を通じて幕府領の行政を行った。
(3) 大阪城代にも西国大名の監視の役割があった。

3 (1) 絵踏　(2) (朝鮮)通信使
(3) 武家諸法度　(4) 五人組

考え方 (2) 朝鮮との交流は，対馬藩の宗氏が中心となって行った。
(4) 農村では，犯罪者や村のしきたりなどにそむいた者を「村八分」と称

して，火事と葬儀を除いて仲間はずれにする，という制裁を行った。

定期テスト対策問題　　P.106,107

1 (1) ① 徳川家康　② 島原・天草
(2) 朱印船貿易　(3) キリスト教
(4) 国：オランダ　都市：長崎

考え方 (4) 新教国のオランダは，キリスト教の布教をせず，貿易のみを行ったので，来航を許された。幕府はオランダ商館に海外情報の提供を義務づけ，長崎奉行を通じて幕府に報告書を提出させた。これを「オランダ風説書」という。

2 (1) 武家諸法度
(2) 参勤交代　(3) 江戸
(4) 年貢（米）

考え方 (2) 各藩では江戸に屋敷を構え，藩主の参勤の際の宿舎にしたほか，多数の藩士を常駐させた。この江戸での消費生活は，藩の出費の半分近くを占めるほどで，藩の財政に大きな負担をかけた。

3 (1) ① 織田信長　② 豊臣秀吉
(2) ① 種子島
② （フランシスコ・）ザビエル
③ 南蛮　(3) 楽市・楽座
(4) ① 太閤検地　② 刀狩
(5) 桃山文化　(6) ウ

考え方 (5) 秀吉が築いた伏見城あたりの，後の地名からつけられた。伏見城は当時の文化を代表する建築物で，現在の京都市伏見区桃山にある。
(6) 雪舟が水墨画を大成したのは，室町時代の東山文化のころである。

スタートドリル P.110,111

1 (1) 徳川綱吉 (2) 長崎
(3) 享保 (4) 公事方御定書

考え方 (1) 3代将軍徳川家光の子。今の群馬県館林10万石の藩主であったが，兄の4代将軍家綱に子がなかったため，1680年に5代将軍となる。
(2) 新井白石は朱子学者で，甲府藩主（のちの6代将軍）徳川家宣の先生であったので，6代将軍，7代将軍に仕えた。長崎での貿易の制限を行い，金銀の海外流出を防いだりした。新井白石の政治を当時の年号をとって「正徳の治」という。
(3) 徳川吉宗は紀伊藩主の三男に生まれ，越前国（福井県）丹生3万石の藩主となった。しかし，二人の兄が次々と死んだため，紀伊55万石の5代藩主となった。また，7代将軍徳川家継も子がなくて死んだため，8代将軍となった。

2 (1) 千歯こき (2) 井原西鶴
(3) 松尾芭蕉 (4) 菱川師宣
(5) 株仲間 (6) 百姓一揆

考え方 (2) 井原西鶴は大阪の町人出身で，最初は俳諧（俳句）を学び，のちに浮世草子の作家となった。
(3) 松尾芭蕉は伊賀上野（三重県）の武士の出身。若いころ江戸に出て町人となり，俳諧師となった。

3 (1) ① 江戸 ② 徳川綱吉
③ 徳川吉宗 ④ 元禄 (2) 町人

考え方 (1) ④ 元禄文化によって文化の大衆化が進み，文化はようやく支配階級の独占物から脱却して，広く民衆の共有財産となった。

1 産業の発達 P.112,113

1 (1) 新田 (2) 干鰯 (3) 菜種
(4) いわし漁 (5) 瀬戸内地方

考え方 (1) この結果，全国の耕地面積は，江戸時代初期の2倍にも広がった。
(2) 干鰯とは，干した鰯のこと。草木を焼いた灰は鎌倉時代から使われていた。
(3) 農業の先進地域である近畿・東海地方から始まった。

2 (1) 佐渡 (2) 石見 (3) 足尾
(4) 貨幣 (5) 特産品

考え方 (1)～(3) 重要な鉱山は幕府の直轄地にされた。
(4) 江戸には金座・銀座などの貨幣を鋳造するところが生まれた。今の東京都中央区銀座は，当時，銀座が設けられたところからついた地名。
(5) 財政難で苦しんだ各藩では，このような特産品の生産を奨励し，藩の独占販売とすることで収入とした。

3 (1) 2 (2) A 備中ぐわ
B 千歯こき (3) 藍，紅花

考え方 (2) A 水田だけでなく，畑を深く耕すためにも使われた。 B 千歯こきの発明で，稲の脱穀作業効率が倍増した。
(3) 藍は阿波（徳島県）の名産，紅花は出羽（山形県）が有名。

4 (1) 江戸　(2) 西廻り航路
(3) 門前町　(4) 両替商
(5) 株仲間

考え方 (1) 最も重要な交通路だった東海道は，江戸と京都を結び，53の宿場があった。起点は江戸の日本橋。
(3) 江戸時代になると各地の寺社への参詣者も増え，門前には宿泊客のための旅館などを中心に町が形成された。伊勢神宮の山田（今の伊勢市），善光寺の長野，金刀比羅宮の琴平（香川県琴平町）などが有名。

② 都市の繁栄と元禄文化　P.114,115

1 (1) 江戸　(2) 大阪　(3) 蔵屋敷
(4) 天下の台所　(5) 西陣織
(6) 江戸・大阪・京都

考え方 (1) 「将軍のおひざもと」と呼ばれ，にぎわった。
(2)～(4) 大阪は豊臣氏の城下町として栄えて以来，日本中の物産の集まる集積地となっていた。

2 (1) 町人　(2) 上方
(3) 元禄

考え方 (1) 平和な時代が続き，商業が発達すると大きな富をたくわえた大商人があらわれた。
(2) 朝廷の所在地から上下を見る見方によって，京都や大阪は上方と呼ばれた。京都から江戸に旅することは「下る」といわれる。「上京」というのもこの名ごり。
(3) 特に商業の発達した大阪が中心となった。

3 (1) 井原西鶴　(2) 浮世草子
(3) 松尾芭蕉　(4) 奥の細道

(5) 俵屋宗達　(6) ウ
(7) 人形浄瑠璃（歌舞伎）
(8) 歌舞伎　(9) 菱川師宣
(10) 浮世絵

考え方 (2) 浮世草子は江戸時代の小説の一種。井原西鶴が書いた「好色一代男」が第1作とされ，以後民衆の文学として上方で発達した。
(3) 連歌の発句が独立してできた俳諧（俳句）は，松尾芭蕉によって高い文学性があたえられた。

③ 享保の改革と社会の変化　P.116,117

1 (1) 自給自足　(2) 問屋制
(3) 百姓一揆　(4) 打ちこわし

考え方 (1) 江戸時代以前は，農具は自作し，肥料も草木を焼いた灰やたい肥など農村やその周辺で調達できるものが使われていたが，干鰯などが普及するにつれて，貨幣経済が浸透してきた。
(3) 一向一揆は浄土真宗の信徒によるもの。徳政一揆は借金の帳消しを求めるもの。

2 (1) 倹約　(2) 新田　(3) 年貢
(4) 公事方御定書　(5) 目安箱

考え方 (2) 新田開発には，水路の建設など治水工事に多額の費用を必要とすることが多かった。そこで，大資本を持つ商人に新田開発を請け負わせて，開発後の年貢を期限を切って免除したりする方法がとられた。
(5) 江戸時代には，訴状のことを目安といった。

3 (1) A　新井白石　B　徳川綱吉
C　徳川吉宗　(2) ①　貨幣
②　物価　③　参勤交代

(4) 公事方御定書　⑤ 目安箱
(3) 生類憐みの令　(4) 享保の改革
(5) B→A→C

考え方 (4) のちの寛政・天保の改革とともに，幕政の三大改革という。

まとめのドリル　　　　P.118,119

1 (1) ① 年貢米　② 新田
③ 両替商　④ 株仲間
(2) ① ア・江戸　② ウ・大阪
(3) 東海道　(4) 蔵屋敷

考え方 (1) ① 幕府や藩は年貢米を売って貨幣にかえ，必要な品を買い求めた。
④ 幕府や藩は商人に株仲間を結成させて営業を独占させるかわりに，税を取った。
(4) 蔵屋敷には藩が認めた商人が出入りして，年貢米の売買などの実務を行った。

2 (1) ウ　(2) 新井白石
(3) 金・銀の海外流出を防ぐため。
(4) ① 公事方御定書　② 目安箱
③ 享保

考え方 (1) イは享保の改革で徳川吉宗が行ったもの。上げ米の制と呼ばれる。
(3) 長崎貿易での輸入超過によって，金・銀が海外に流出するのを防ぐために行われた。
(4) ② 目安には姓名などを明記しなければならなかった。目安箱への意見をきっかけに行われた政策に，小石川養生所の設置などがある。

3 (1) 井原西鶴　(2) 松尾芭蕉
(3) 近松門左衛門　(4) 菱川師宣

考え方 (3) 近松は，封建的な道徳と善良な人間性の矛盾に苦しむ武士・町人の

悲劇をみつめ，その結果を死（心中）とした作品に特質がある。
(4) 菱川師宣が始めた浮世絵は，のちに多色刷りの浮世絵版画（錦絵）として発展した。

10 幕府政治の行きづまり

スタートドリル　　　　P.122,123

1 (1) 田沼意次　(2) 松平定信
(3) 根室　(4) ロシア
(5) 大塩平八郎　(6) 水野忠邦

考え方 (3) ロシアは早くからシベリアに進出し，やがてカムチャツカ半島，ベーリング海・樺太（サハリン）・千島列島に進出した。

2 (1) 本居宣長　(2) 杉田玄白
(3) 寺子屋　(4) 化政文化

考え方 (1) 伊勢国（三重県）松阪の出身。医師を営みながら国学を研究した。賀茂真淵の門人となって古事記を研究し，35年間かかって「古事記伝」をあらわし，国学を大成した。

3 (1) ① 江戸　② 田沼意次
③ 松平定信　④ 大塩（平八郎）
⑤ 水野忠邦　⑥ 蘭学
⑦ 歌川（安藤）広重　(2) 財政

考え方 (1) ⑥ 江戸時代のオランダ語を通してヨーロッパのことを学ぶ学問をいう。当時，オランダを和蘭または和蘭陀と表記したため。　⑦ 30代で「東海道五十三次」がヒットし，風景画家としての地位を確立した。

❶ 幕府や諸藩の改革 P.124,125

1 (1) ① 田沼意次　② わいろ
(2) 株仲間　(3) 銅・海産物輸出の奨励
(4) 天明

考え方 (1) ① 意次は，力を持ってきた商
人と結ぶことで幕府の財政を立て直
そうとしたが，経済を重視した政策
はわいろ政治といわれる政治の腐敗
をまねき，失脚した。(4) 天明のき
きんは，浅間山の噴火や冷害などを
原因に，全国をおそった。特に東北
地方の被害が大きく，餓死者が数十
万人にものぼった。

2 (1) 貨幣　(2) 年貢米　(3) 俸禄
(4) 専売　(5) 細川重賢

考え方 (3) 大名などの家臣の大部分は，領
地をもらうのではなく，藩などから
米を給料としてもらい，それを換金
して生活をしていた。
(4) 薩摩藩(鹿児島県)の砂糖，長州
藩(山口県)の紙・ろう，佐賀藩の陶
器などが有名である。

3 (1) 松平定信　(2) ウ　(3) ウ
(4) 商品作物　(5) ききん(凶作)
(6) 商人(札差)　(7) イ

考え方 (3) 寛政異学の禁といわれる。
(6) 旗本や御家人の年貢米を金にか
える業者のことを札差といった。

❷ 新しい学問と化政文化 P.126,127

1 (1) 寺子屋　(2) 国学
(3) 杉田玄白　(4) 十返舎一九
(5) 小林一茶　(6) 葛飾北斎

考え方 (2) 儒学は孔子がおこした学問。蘭
学は西洋の学術や文化を研究する学
問で，のちに洋学と呼ばれた。
(6) 「富嶽三十六景」などの作品が有
名である。

2 (1) 江戸　(2) 化政
(3) 狂歌

3 (1) 藩校　(2) 本居宣長
(3) 伊能忠敬　(4) シーボルト
(5) 適塾

考え方 (1) 教育内容は，文武両道の理想か
ら武術や儒学の講義が中心であった
が，幕末には蘭学(洋学)や天文学，
兵学なども加わった。江戸時代を通
じて250余校も設立されたという。

4 (1) 川柳・狂歌　(2) 曲亭(滝沢)馬琴
(3) 錦絵　(4) 喜多川歌麿

考え方 (2) 「南総里見八犬伝」は，江戸時代
の小説でも，文章が主体の「読本」と
いわれるもの。
(4) 化政文化の浮世絵師として，美
人画の喜多川歌麿，風景画の葛飾北
斎，歌川(安藤)広重を覚えておく。

❸ 外国船の接近と天保の改革 P.128,129

1 (1) ロシア船
(2) 異国船打払令
(3) 蘭学者　(4) 蛮社の獄

考え方 (1) アメリカも北太平洋で操業する
捕鯨船の燃料や食料の補給のために，
日本近海にあらわれるようになって
いた。
(3),(4) 漂流した日本人を送り届け
に来たアメリカ船を打ちかえした
モリソン号事件を批判し，蘭学者の

29

渡辺崋山と高野長英が幕府から厳しい処罰を受けた。

2 (1) 天保 (2) 米価 (3) 大商人
(4) 大塩平八郎 (5) 渋染一揆

考え方 (4) 乱は1日で鎮圧されたが，大塩平八郎が高名な学者で，もと大阪町奉行所の役人であったため，幕府に大きな衝撃をあたえた。

3 (1) イ
(2) 異国船打払令（外国船打払令）
(3) 攘夷論 (4) 大阪 (5) ア
(6) ① 水野忠邦 ② 株仲間
③ 江戸 ④ 大名

考え方 (1) ロシアのラクスマンは，日本の漂流民大黒屋光太夫らの送還を名目に根室に来航し，幕府に通商を求めた。

まとめのドリル　P.130,131

1 (1) ① 株仲間 ② 朱子学
③ 株仲間 ④ 海産物
(2) A 水野忠邦 B 松平定信
C 田沼意次 (3) A 天保の改革
B 寛政の改革 (4) 札差
(5) ウ (6) C→B→A

考え方 (1) ①・③ 株仲間は，田沼意次のときに結成が奨励され，水野忠邦のときに解散させられた。

2 (1) 江戸 (2) A 伊能忠敬
B 杉田玄白（前野良沢）
C 歌川（安藤）広重

考え方 (1) 江戸時代後期には，文化の中心が江戸に移っていた。

定期テスト対策問題　P.132,133

1 (1) ① 新井白石 ② 田沼意次
③ 大塩平八郎 (2) 生類憐みの令
(3) イ (4) C 徳川吉宗
E 松平定信 H 水野忠邦
(5) F (6) ウ

考え方 (6) 長崎以外で外国との貿易が行われたのは，幕末の開国以後のことで，ヨーロッパの文物が一般の人々にまで流行したのは明治になってから。

2 (1) ア・江戸 (2) エ・大阪
(3) カ・長崎

考え方 (1) 幕府の所在地で政治の中心地。
(2) 経済の中心地。
(3) 出島があり，鎖国中ただ一つ外国との貿易が行われた都市。(2)とともに幕府の直轄都市だった。

3 (1) 井原西鶴 (2) 本居宣長
(3) 十返舎一九 (4) 松尾芭蕉
(5) 歌川（安藤）広重 (6) 伊能忠敬
(7) 近松門左衛門 (8) 杉田玄白

考え方 (2) 本居宣長は国学の大成者といわれる。この学問は，幕末の尊王攘夷運動に大きな影響をあたえた。
(7) 近松門左衛門の脚本は，おもに人形浄瑠璃で上演された。

総合問題（政治） P.134,135

1 (1) A 倭　B 魏
(2) 十七条の憲法　(3) ア　(4) エ

考え方 (1) A 紀元前後ころの日本の様子を書いた中国の歴史書に「楽浪（中国の植民地，今の北朝鮮にあった国）海中に倭人あり」とある。
(3) 高句麗ではなく，百済を助けようとして出兵した。

2 (1) 太政大臣
(2) 後醍醐天皇・建武の新政
(3) 応仁の乱

考え方 (1) 律令制度の最高官。常におかれている役職ではなかった。
(2) 後醍醐天皇は古代天皇制の復活を図ろうとしたが，武士の間に不満が高まり，足利尊氏の挙兵につながった。

3 (1) 岐阜県　(2) 江戸　(3) ア
(4) ウ　(5) オランダ　(6) イ
(7) ア　(8) ア　(9) イ

考え方 (3) 1614年の大阪冬の陣，1615年の大阪夏の陣で，豊臣氏はほろんだ。
(9) 白河とは白河藩主の松平定信，田沼とは田沼意次をさしている。

総合問題（経済・社会） P.136,137

1 (1) ① 奈良時代　② 防人
③ ウ　(2) イ

考え方 (1) ① この歌は，奈良時代につくられた「万葉集」におさめられている。
③ 調や庸は，成人男子に課せられた。
(2) 墾田永年私財法によって，開墾した土地の永久私有が許されたので，貴族や寺社が私有地を増やし，のちの荘園のもととなった。

2 (1) 蝦夷　(2) 浄土信仰（浄土の教え）
(3) 荘園

3 (1) イ
(2) 金貸し業を営んでいたため。
(3) 一揆

考え方 (2) 土倉や酒屋は金貸しを行い，10%前後の利子を取っていた。

4 (1) ⓐ 本百姓　ⓑ 水のみ百姓
(2) 五人組　(3) ① 備中ぐわ
② 千歯こき　(4) イ

考え方 (1) ⓐ 本百姓は耕地を持ち，検地帳にのり，年貢の納入の役割を負った。

31

総合問題（文化） P.138,139

1 (1) ウ　(2) イ
(3) エ

2 (1) ウ　(2) イ
(3) ウ　(4) 書院造（しょいんづくり）

考え方 (3)「新古今和歌集（しんこきんわかしゅう）」は，鎌倉（かまくら）時代に
つくられた。

3 (1) 天守（てんしゅ）　(2) イ

考え方 (2) アとウは江戸（えど）時代の元禄（げんろく）文化の
ころの人物。

4 (1) ア　(2) ア　(3) 国学（こくがく）
(4) 解体新書（かいたいしんしょ）　(5) ウ　(6) ウ

考え方 (1) イ・ウは化政（かせい）文化の時代の特色。
(5) アは元禄文化，イは桃山（ももやま）文化の
ころの人物。

2405R5